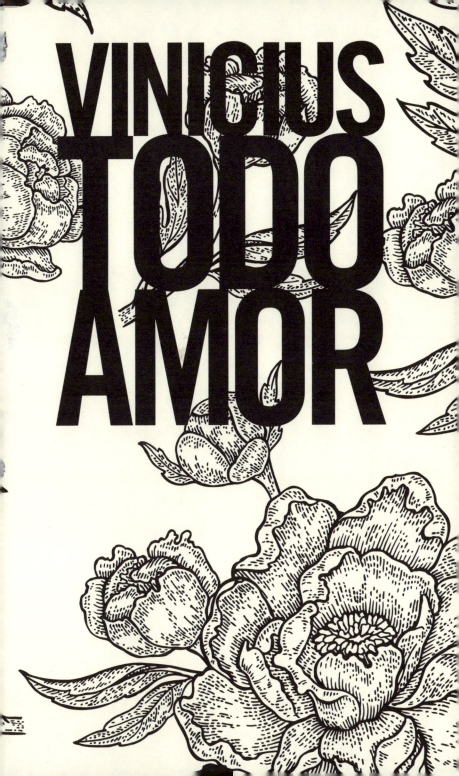

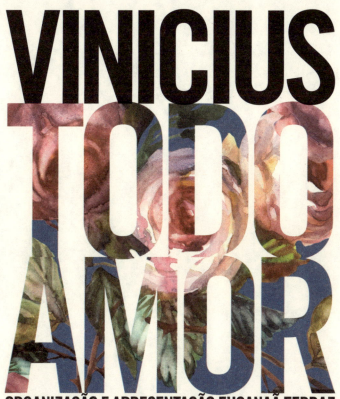

VINICIUS
TODO AMOR

ORGANIZAÇÃO E APRESENTAÇÃO EUCANAÃ FERRAZ

COMPANHIA DAS LETRAS

COPYRIGHT © 2017 BY V. M. CULTURAL
WWW.VINICIUSDEMORAES.COM.BR
WWW.FACEBOOK.COM/VINICIUSDEMORAESOFICIAL
WWW.INSTAGRAM.COM/POETAVINICIUSDEMORAES
WWW.YOUTUBE.COM/VINICIUSDEMORAES

GRAFIA ATUALIZADA SEGUNDO O ACORDO ORTOGRÁFICO
DA LÍNGUA PORTUGUESA DE 1990, QUE ENTROU EM VIGOR
NO BRASIL EM 2009.

CAPA E PROJETO GRÁFICO
CLAUDIA WARRAK

FOTO DE CAPA
©OLA-LA/ SHUTTERSTOCK

FOTO DAS GUARDAS
©MAMITA/ SHUTTERSTOCK

REVISÃO
JANE PESSOA
ANA MARIA BARBOSA

DADOS INTERNACIONAIS DE CATALOGAÇÃO NA PUBLICAÇÃO (CIP)
(CÂMARA BRASILEIRA DO LIVRO, SP, BRASIL)

MORAES, VINICIUS DE, 1913-1980.
TODO AMOR / VINICIUS DE MORAES ; ORGANIZAÇÃO
E APRESENTAÇÃO EUCANAÃ FERRAZ. — 1ª ED. — SÃO PAULO :
COMPANHIA DAS LETRAS, 2017.

BIBLIOGRAFIA.
ISBN: 978-85-359-2905-8

1. CONTO 2. CRÔNICA 3. LITERATURA BRASILEIRA –
MISCELÂNIA 4. POESIA I. FERRAZ, EUCANAÃ. II. TÍTULO.

17-02748   CDD-869.8

ÍNDICE PARA CATÁLOGO SISTEMÁTICO:
1. MISCELÂNIA : LITERATURA BRASILEIRA 869.8

9ª REIMPRESSÃO

TODOS OS DIREITOS DESTA EDIÇÃO RESERVADOS À
EDITORA SCHWARCZ S.A.
RUA BANDEIRA PAULISTA, 702, CJ. 32
04532-002—SÃO PAULO — SP
TELEFONE: [11] 3707-3500
WWW.COMPANHIADASLETRAS.COM.BR
WWW.BLOGDACOMPANHIA.COM.BR
FACEBOOK.COM/COMPANHIADASLETRAS
INSTAGRAM.COM/ COMPANHIADASLETRAS
TWITTER.COM/CIALETRAS

SUMÁRIO

APRESENTAÇÃO 9

EU SEI QUE VOU TE AMAR 17
SONETO DO AMOR TOTAL 18
O CAMELÔ DO AMOR 19
EU NÃO EXISTO SEM VOCÊ 22
SONETO DO MAIOR AMOR 23
CONJUGAÇÃO DA AUSENTE 24
OS ACROBATAS 26
AMOR 28
SONETO DE FIDELIDADE 29
MINHA NAMORADA 30
PARA UMA MENINA COM UMA FLOR 32
TERNURA 35
O MAIS-QUE-PERFEITO 36
POEMA DE ANIVERSÁRIO 37
SONETO DA ROSA TARDIA 39
CANÇÃO PARA A AMIGA DORMINDO 40
ESSA, SENTADA AO PIANO 41
MADRIGAL 42
A BRUSCA POESIA DA MULHER AMADA 43
A BRUSCA POESIA DA MULHER AMADA (II) 44
A BRUSCA POESIA DA MULHER AMADA (III) 46
AMOR NOS TRÊS PAVIMENTOS 48
ACALANTO DA ROSA 49
ELEGIA LÍRICA 50
SEPARAÇÃO 58
SERENATA DO ADEUS 60
É PRECISO DIZER ADEUS 61
BOM DIA, TRISTEZA 62
SONETO DE SEPARAÇÃO 63
ANDAM DIZENDO 64
AUSÊNCIA 65
CANTO TRISTE 67
SAMBA EM PRELÚDIO 71
INSENSATEZ 72
POEMA DOS OLHOS DA AMADA 73
CHORA CORAÇÃO 75

PRIMAVERA 76
BRIGAS NUNCA MAIS 77
PETITE HISTOIRE NATURELLE 78
CHEGA DE SAUDADE 79
CANÇÃO EM MODO MENOR 80
CARTA DE TATI PARA VINICIUS DE MORAES 83
VALSA DE EURÍDICE 87
ONDE ANDA VOCÊ 88
O QUE TINHA DE SER 89
CARTA DE VINICIUS DE MORAES PARA TATI 90
TOMARA 94
TEMPO DE AMOR 95
BRINCANDO COM VINICIUS, BEATRIZ 97
CARTAS DE VINICIUS DE MORAES PARA LETA DE MORAES 98, 101
SEM VOCÊ 102
CARTA DO AUSENTE 103
CARTA DE VINICIUS DE MORAES PARA D. LYDIA E CLODOALDO DE MORAES 106
PELA LUZ DOS OLHOS TEUS 110
A MULHER QUE PASSA 114
GAROTA DE IPANEMA 116
A QUE VEM DE LONGE 117
MEDO DE AMAR 119
SONETO DA MULHER CASUAL 120
CHORINHO PARA A AMIGA 121
NA ESPERANÇA DE TEUS OLHOS 124
O AMOR DOS HOMENS 125
AMOR EM PAZ 130
PARA VIVER UM GRANDE AMOR 133
O GRANDE AMOR 135
UMA VIOLA-DE-AMOR 136
NAMORADOS NO MIRANTE 138
O PESCOÇO DE ROSALIND 139
O AMOR POR ENTRE O VERDE 141
A MULHER QUE NÃO SABIA AMAR 144
VALSINHA 146
PARA TRÊS JOVENS CASAIS 147
COM SUA PERMISSÃO, SIR LAURENCE OLIVIER... 150
SONETO DO CORIFEU 152
A MULHER DO DIA 153
SONETO DA MULHER AO SOL 155
UMA MULHER, OUTRORA AMADA... 156
MINHA CARA-METADE 159
HISTÓRIA PASSIONAL, HOLLYWOOD, CALIFÓRNIA 161
UH-UHUHUHUH-UHUHUHUH! 165
O AMOR EM BOTAFOGO 168
AS QUATRO ESTAÇÕES 171

CARTAS DE VINICIUS DE MORAES PARA LILA BÔSCOLI 172, 179, 188
JANELAS ABERTAS 176
MONÓLOGO DE ORFEU ("MULHER MAIS ADORADA") 177
HISTÓRIA DE UM BEIJO 181
ROMANCE DA AMADA E DA MORTE 183
POR QUE AMO PARIS 190
EM ALGUM LUGAR 200
ORAÇÃO A NOSSA SENHORA DE PARIS 201
"COMO SE COMPORTAR NO CINEMA" (A ARTE DE NAMORAR) 206
A PERDIDA ESPERANÇA 208
APELO 210
SE O AMOR QUISER VOLTAR 211
SAMBA DA VOLTA 212
BALADA DE SANTA LUZIA 213
SONETO DE MONTEVIDÉU 217
SONETO DO AMOR COMO UM RIO 218
O ESPECTRO DA ROSA 219
TEU NOME 220
RETRATO DE MARIA LÚCIA 221
SONETO DA ESPERA 222
SONETO DE LUZ E TREVA 223
UM POEMA-CANÇÃO DE AMOR DESESPERADO 224
SONETO DE MARTA 226
PARÁBOLA DO HOMEM RICO 227
GILDA 230
ANOITECEU 231
LUZES DA CIDADE: O GRANDE AMOROSO 235
DO AMOR AOS BICHOS 238
BARRA LIMPA 242
SE TODOS FOSSEM IGUAIS A VOCÊ 249
A HORA ÍNTIMA 250
CONSOLAÇÃO 252
ANFIGURI 253
O VERBO NO INFINITO 254
QUEM ÉS 255
SONETO DA HORA FINAL 256

CRONOLOGIA 261
BIBLIOGRAFIA 273
CRÉDITOS DAS IMAGENS 274
ÍNDICE DE TÍTULOS 275

APRESENTAÇÃO

EUCANAÃ FERRAZ

A obra de Vinicius de Moraes é um longo aprendizado do amor.

Em seus primeiros livros, a temática amorosa viu-se embraçada pela religiosidade do jovem atormentado por sentimentos e desejos que traziam consigo a nódoa do pecado. Otávio de Faria referiu-se a esse momento da poesia de Vinicius como o de uma luta entre a pureza impossível e a impureza inaceitável. Foi aos poucos que o poeta conquistou maturidade e desenvoltura nos planos afetivo e estético.

Nos versos do primeiro Vinicius, o amor é exaltado com vocabulário nobre e imagens nebulosas; surge distante das experiências mais chãs e da linguagem do dia a dia, ou, ao contrário, mostra-se decaído por sua pureza aviltada. Adiante, o poeta mais bem formado consolidaria uma escrita em que o amor baixa à esfera comum das vivências cotidianas, da expressão coloquial, numa manobra em direção à expressão mais direta, mais simples; a trama afetiva, por sua vez, adensa-se, marcada agora por erotismo e força intuitiva, leveza e naturalidade, ânimo humorístico e potência subversiva.

Como exemplos, cabe lembrar dos sonetos, como os célebres "Soneto de fidelidade", "Soneto do maior amor" e "Soneto de separação". Modelados pela temática amorosa, despertam nossa emoção e, ao mesmo tempo, fascinam pelo acabamento formal. O resultado é uma rara capacidade de criar vínculos permanentes com o leitor, perseverando numa espécie de memória coletiva. Além disso, a popularidade desses poemas não os enfraquece, antes comprova e reforça suas qualidades. "Soneto de fidelidade" é exemplar, já que sua difusão — em antologias escolares, interpretações acadêmicas, recitações, epígrafes, citações breves — parece mobilizar uma empatia muito próxima daquela que os versos anônimos da tradição oral, inexplicavelmente, fazem circular.

Curiosamente, no entanto, algo da primeira poesia permaneceu na seguinte; e aquilo que se viu manifestar com grande brilho na obra plenamente desenvolvida algumas vezes estava já nos textos iniciais. Fios quase sempre sutis, mas também flagrantes aqui e ali, remetem poemas a outros, espelham imagens, criam zonas de imaginação e repercussão psíquica insuspeitas. Nesta coletânea, portanto, desprezou-se a cronologia em favor de uma amostragem que faz dialogar textos que se mantiveram distantes, no tempo e nas páginas, mas agora capazes de revelar, pela vizinhança, surpreendentes paridades ou contrastes vigorosos. A ideia de uma obra linear, com desenvolvimento pacífico, sem desvios ou complicações, deve ser abandonada. Assim, o poeta — e o homem —, em plena maturidade, exibe os receios e as fantasias do jovem — do aprendiz.

Do mesmo modo, é sem quaisquer fronteiras classificatórias que aqui se encontram o poema, a crônica, a letra de canção, a carta e o teatro. Respeitou-se, com isso, a inclinação maior do artista, que sempre se mostrou avesso a linhas divisórias quando o tema era, por exemplo, as diferenças entre a poesia dos livros e a poesia das canções.

É nessas últimas que encontramos certas linhas de força que definem a poética viniciana no seu conjunto. Numa composição com Francis Hime, o poeta é assertivo: "Quem ama não tem paz". Na lírica de Vinicius, o amor não é, portanto, uma solução, mas um problema. No entanto, a constatação de que o amor não traz a paz, ou melhor, de que ele tira a paz, não faz com que o sujeito deixe de almejar um desmentido. Assim, um verso de "Se todos fossem iguais a você", parceria com Tom Jobim, fala da "esperança divina de amar em paz". Se aqui o adjetivo pode ser entendido como "belo", "maravilhoso", também sugere algo além de humano, sagrado. Talvez a aliança entre o amor e a paz seja um bem precioso demais para ser vivido por seres incompletos, divididos, frágeis e mortais. Mas outra canção com Tom, "Amar em paz", fala do sofrimento e da aflição que se apagam quando o sentimento se renova e com ele ressurge a "razão de viver/ e de amar em paz/ e não sofrer mais".

No cancioneiro viniciano — mas também nos livros de poemas e de crônicas — o sentimento amoroso é esplêndido e, se na sua generosidade nos dá grandeza, priva-nos, em contrapartida, de algo também precioso. O amor, magnífico e inescapável, é uma destinação trágica, momentaneamente suave e consolador quando é ainda a expectativa de repouso, como em "Canção em modo menor", na qual a paz é pressentida no objeto amado: "tudo que eu quero é paz/ e a paz só pode vir de ti". Os versos de contentamento da Bossa Nova confirmam a reciprocidade amorosa como pacificação, conforme "Ela é carioca": "Ela é meu amor, só me vê a mim/ a mim que vivi para encontrar/ na luz do seu olhar/ a paz que sonhei". O fim do amor é outra fonte de sofrimento iminente. Diz a letra de "Sem você": "Meu amor, meu amor/ nunca te ausentes de mim/ para que eu viva em paz". Ou "Canção do amanhecer", parceria com Edu Lobo: "Ah, não existe paz/ quando o adeus existe".

Esquivar-se do sofrimento e da angústia? Seria preciso não amar. Frente a essa possibilidade de uma paz vazia, inteiramente vazia, Vinicius, em "Consolação", com música de Baden Powell, afirma: "Se não tivesse o amor/ se não tivesse essa dor/ e se não tivesse o sofrer/ e se não tivesse o chorar/ melhor era tudo se acabar". Se amar traz uma paz pouco duradoura, ou ainda, se amor é o constante renovar-se de um problema, o sujeito amoroso viniciano jamais se esquiva ou se dá com parcimônia temendo males futuros. Ao contrário, ele vislumbra a máxima entrega como um risco que o engrandece: "Eu amei, amei demais/ O que sofri por causa do amor/ Ninguém sofreu/ Eu chorei, perdi a paz/ Mas o que eu sei/ É que ninguém nunca teve mais/ Mais do que eu".

O aprendiz tem muito a nos ensinar.

EU SEI QUE VOU TE AMAR

COM MÚSICA DE TOM JOBIM

Eu sei que vou te amar
Por toda a minha vida, eu vou te amar
Em cada despedida, eu vou te amar
Desesperadamente
Eu sei que vou te amar

E cada verso meu será
Pra te dizer
Que eu sei que vou te amar
Por toda a minha vida

Eu sei que vou chorar
A cada ausência tua, eu vou chorar
Mas cada volta tua há de apagar
O que esta tua ausência me causou

Eu sei que vou sofrer
A eterna desventura de viver
À espera de viver ao lado teu
Por toda a minha vida

SONETO DO AMOR TOTAL

Amo-te tanto, meu amor... não cante
O humano coração com mais verdade...
Amo-te como amigo e como amante
Numa sempre diversa realidade.

Amo-te afim, de um calmo amor prestante
E te amo além, presente na saudade
Amo-te, enfim, com grande liberdade
Dentro da eternidade e a cada instante.

Amo-te como um bicho, simplesmente
De um amor sem mistério e sem virtude
Com um desejo maciço e permanente.

E de te amar assim, muito e amiúde
É que um dia em teu corpo, de repente
Hei de morrer de amar mais do que pude.

RIO, 1951

O CAMELÔ DO AMOR

Parai tudo o que estais fazendo, homens de gravata e sem gravata, funcionários burocráticos e deambulantes, mercadores e fregueses, professores e alunos, íncubos e súcubos — e escutai o que eu vos tenho a dizer.

Chegai-vos a mim e vinde ver toda a beleza que estou vendendo a preço de banana! Homens da Cifra e da Sigla, de Toga e de Borla e Capelo, de Fardão e de Sobrepeliz: esquecei por um momento vossas conjunturas e aproximai-vos de olhar sincero e coração na mão.

É favor suspender por alguns minutos a partida. Senhor juiz Armando Marques! Conserva-te assim, o pé no ar, meu bom Pelé, qual fantástico dançarino. Feras da Seleção: atenção! Alerta, aviadores do Brasil! Capitães de mar: estamos no ar!

A postos, emissoras em cadeia! Câmaras de cinema e televisão: ação! Estações de rádio e radioamadores: ligai os receptores! Atenção, Intelsat... quatro... três... dois... um...

Aqui fala o poeta, o jogral, o menestrel, o grande Camelô do Amor!

O Amor tonifica o cabelo das mulheres, torna-os vivos e dá-lhes um brilho natural. *Mise en plis?* Só de Amor! Nada melhor que divinos cafunés para as moléstias do couro cabeludo!

Olhos opacos? Amores fracos! Olhos sem brilho? Amor-colírio! Olhos sem cor? Amor! O Amor branqueia a córnea, acende a íris, dilata as pupilas cansadas. E ainda dá as mais belas olheiras naturais. Dois beijos, dois minutos: dois olhos claros de veludo!

O Amor limpa de rugas a fronte das mulheres, elimina os *pés de galinha* e acrescenta lindas covinhas ao sorriso.

Tende sempre em mente: o Amor coroa as mulheres de pesados diademas invisíveis. Amai, *coroas*! A mulher que ama reinventa o Paraíso. A mulher que é amada move-se majestosamente!

O Amor pitanguiza o nariz das mulheres, torna-os frementes, com delicados tiques, particularmente nas asas. Narizes gordurosos, com propensão a cravos e espinhas? Muitas, muitas festinhas contra o nariz amado!

O Amor horizontal é melhor e não faz mal. Bocas rosadas, frescas, palpitantes? Beijos de amor constantes! As bocas mais beijadas são mais bem lubrificadas. Só isso dá à sua boca o máximo!

Qual Nardem, qual Rubinstuff! — morte às pomadas! Pomadas, cremes, só de Amor, amadas! Pele jovem e macia? Amai, se possível, todo dia: e ante o esplendor de vossa pele há de ruborizar-se a madrugada.

Juventude noite e dia? — Carne sem banha! Ela tem mais freguesia? — Sempre se banha! Aliás, uma *coroa* — Que coisa boa! Bem que ela tem seu lugar. E... sabor de loucura!

O Amor estimula extraordinariamente a higiene bucal, pois, como todos sabem, a água-e-sal é o composto químico da saliva, que consequentemente se ativa, impedindo a halitose e tornando a carícia palatal!

Se é de Amor, é bom! Não sabe aquela que não põe desodorante? Perdeu o marido e hoje não pega nem amante... Sim, cuide o substrato de suas asas, anjo meu, mas nada de exagero... Uma axila sem cheiro pode levar um homem ao desespero. E não bobeie, não dê bola, não se iluda: um homem ama axila cabeluda! Siga o exemplo da mulher italiana: não usa lâmina e é mulher superbacana. Ponha um tigre debaixo do braço!

E basta de pastas, ó tu que levas o leite contigo — bom até a última gota! Se amares, o sangue circulará melhor em tuas glândulas mamares, e consequentemente terás seios sinceros, autodidatas, substantivos! Algo mais que o Amor lhe dá...

Casamento serve bem ao grande e ao pequeno. Serve bem à beça! Veja, ilustre passageiro, o belo tipo faceiro que viaja ao lado seu. Pois, no entretanto, eu lhe digo: quase ela fica *a perigo*... Salvou-a um justo himeneu. Alivia, acalma e reanima! Todo homem que chega em casa deve levar beijos mil: da mãe e da menininha. E como é bom ter seu amor junto ao corpo... É pausa que refresca... Quem a casar se mete, repete!

Um mínimo de cirurgias plásticas, dietas patetas e essas ginásticas fantásticas... Vivei e amai ao Sol! Para aquele que ama, vossos senões são poesia. Nada mais lindo que as feiurinhas da mulher amada!

Por isso, eu grito aqui: regulador? — besteira! A saúde da mulher está em ser boa companheira. Não há pílula para a *percanta* que se preza. Seja mulher! conserve o seu sorriso! valha o quanto pesa! Use o auge da bossa e namore o quanto possa: na praça, na praia, no prado — no banco que está ao seu lado!

Eu sempre digo, e faço figa do que diga seu melhor, muito melhor que óleo de fígado. Porque, além de excitar o metabolismo basal, para o vago simpático é o tônico ideal!

Eis seu mal: não amar. Daí, decerto, a causa dessas suas tonteiras, dessas náuseas... Ame *king-size*! E se lembre sempre: o espetáculo começa quando a senhora chega! Quem não é o maior tem que ser o melhor! Por isso, espere um pouco, por favor... E repita comigo, assim... A-m-o-r!

EU NÃO EXISTO SEM VOCÊ

COM MÚSICA DE TOM JOBIM

Eu sei e você sabe, já que a vida quis assim
Que nada nesse mundo levará você de mim
Eu sei e você sabe que a distância não existe
Que todo grande amor
Só é bem grande se for triste
Por isso, meu amor
Não tenha medo de sofrer
Que todos os caminhos me encaminham pra você

Assim como o oceano
Só é belo com luar
Assim como a canção
Só tem razão se se cantar
Assim como uma nuvem
Só acontece se chover
Assim como o poeta
Só é grande se sofrer
Assim como viver
Sem ter amor não é viver

Não há você sem mim
E eu não existo sem você

SONETO DO MAIOR AMOR

Maior amor nem mais estranho existe
Que o meu, que não sossega a coisa amada
E quando a sente alegre, fica triste
E se a vê descontente, dá risada.

E que só fica em paz se lhe resiste
O amado coração, e que se agrada
Mais da eterna aventura em que persiste
Que de uma vida mal-aventurada.

Louco amor meu, que quando toca, fere
E quando fere vibra, mas prefere
Ferir a fenecer — e vive a esmo

Fiel à sua lei de cada instante
Desassombrado, doido, delirante
Numa paixão de tudo e de si mesmo.

OXFORD, 1938

CONJUGAÇÃO DA AUSENTE

Foram precisos mais dez anos e oito quilos
Muitas cãs e um princípio de abdômen
(Sem falar na Segunda Grande Guerra, na descoberta da
[penicilina e na desagregação do átomo)
Foram precisos dois filhos e sete casas
(Em lugares como São Paulo, Londres, Cascais, Ipanema
[e Hollywood)
Foram precisos três livros de poesia e uma operação de
[apendicite
Algumas prevaricações e um exequátur
Fora preciso a aquisição de uma consciência política
E de incontáveis garrafas; fora preciso um desastre de avião
Foram precisas separações, tantas separações
Uma separação...

Tua graça caminha pela casa.
Moves-te blindada em abstrações, como um T. Trazes
A cabeça enterrada nos ombros qual escura
Rosa sem haste. És tão profundamente
Que irrelevas as coisas, mesmo do pensamento.
A cadeira é cadeira e o quadro é quadro
Porque te participam. Fora, o jardim
Modesto como tu, murcha em antúrios
A tua ausência. As folhas te outonam, a grama te
Quer. És vegetal, amiga...
Amiga! direi baixo o teu nome
Não ao rádio ou ao espelho, mas à porta
Que te emoldura, fatigada, e ao
Corredor que para
Para te andar, adunca, inutilmente

Rápida. Vazia a casa
Raios, no entanto, desse olhar sobejo
Oblíquos cristalizam tua ausência.
Vejo-te em cada prisma, refletindo
Diagonalmente a múltipla esperança
E te amo, te venero, te idolatro
Numa perplexidade de criança.

OS ACROBATAS

Subamos!
Subamos acima
Subamos além, subamos
Acima do além, subamos!
Com a posse física dos braços
Inelutavelmente galgaremos
O grande mar de estrelas
Através de milênios de luz.

Subamos!
Como dois atletas
O rosto petrificado
No pálido sorriso do esforço
Subamos acima
Com a posse física dos braços
E os músculos desmesurados
Na calma convulsa da ascensão.

Oh, acima
Mais longe que tudo
Além, mais longe que acima do além!
Como dois acrobatas
Subamos, lentíssimos
Lá onde o infinito
De tão infinito
Nem mais nome tem
Subamos!

Tensos
Pela corda luminosa

Que pende invisível
E cujos nós são astros
Queimando nas mãos
Subamos à tona
Do grande mar de estrelas
Onde dorme a noite
Subamos!

Tu e eu, herméticos
As nádegas duras
A carótida nodosa
Na fibra do pescoço
Os pés agudos em ponta.

Como no espasmo.

E quando
Lá, acima
Além, mais longe que acima do além
Adiante do véu de Betelgeuse
Depois do país de Altair
Sobre o cérebro de Deus

Num último impulso
Libertados do espírito
Despojados da carne
Nós nos possuiremos.

E morreremos
Morreremos alto, imensamente
IMENSAMENTE ALTO.

AMOR

Vamos brincar, amor? vamos jogar peteca
Vamos atrapalhar os outros, amor, vamos sair correndo
Vamos subir no elevador, vamos sofrer calmamente e sem
[precipitação?
Vamos sofrer, amor? males da alma, perigos
Dores de má fama íntimas como as chagas de Cristo
Vamos, amor? vamos tomar porre de absinto
Vamos tomar porre de coisa bem esquisita, vamos
Fingir que hoje é domingo, vamos ver
O afogado na praia, vamos correr atrás do batalhão?
Vamos, amor, tomar *thé* na Cavé com madame de Sevignée
Vamos roubar laranja, falar nome, vamos inventar
Vamos criar beijo novo, carinho novo, vamos visitar N. Sra.
[do Parto?
Vamos, amor? vamos nos persuadir imensamente dos
[acontecimentos vagos
Vamos fazer neném dormir, botar ele no urinol
Vamos, amor?
— Porque excessivamente grave é a Vida.

SONETO DE FIDELIDADE

De tudo, ao meu amor serei atento
Antes, e com tal zelo, e sempre, e tanto
Que mesmo em face do maior encanto
Dele se encante mais meu pensamento.

Quero vivê-lo em cada vão momento
E em seu louvor hei de espalhar meu canto
E rir meu riso e derramar meu pranto
Ao seu pesar ou seu contentamento.

E assim, quando mais tarde me procure
Quem sabe a morte, angústia de quem vive
Quem sabe a solidão, fim de quem ama

Eu possa me dizer do amor (que tive):
Que não seja imortal, posto que é chama
Mas que seja infinito enquanto dure.

ESTORIL, OUTUBRO DE 1939

MINHA NAMORADA

COM MÚSICA DE CARLOS LYRA

Se você quer ser minha namorada
Ah, que linda namorada
Você poderia ser
Se quiser ser somente minha
Exatamente essa coisinha
Essa coisa toda minha
Que ninguém mais pode ser

Você tem que me fazer um juramento
De só ter um pensamento
Ser só minha até morrer
E também de não perder esse jeitinho
De falar devagarinho
Essas histórias de você
E de repente me fazer muito carinho
E chorar bem de mansinho
Sem ninguém saber por quê

Porém, se mais do que minha namorada
Você quer ser minha amada
Minha amada, mas amada pra valer
Aquela amada pelo amor predestinada
Sem a qual a vida é nada
Sem a qual se quer morrer

Você tem que vir comigo em meu caminho
E talvez o meu caminho seja triste pra você
Os seus olhos têm que ser só dos meus olhos
Os seus braços o meu ninho
No silêncio de depois

E você tem que ser a estrela derradeira
Minha amiga e companheira
No infinito de nós dois

PARA UMA MENINA COM UMA FLOR

Porque você é uma menina com uma flor e tem uma voz que não sai, eu lhe prometo amor eterno, salvo se você bater pino, o que, aliás, você não vai nunca porque você acorda tarde, tem um ar recuado e gosta de brigadeiro: quero dizer, o doce feito com leite condensado.

E porque você é uma menina com uma flor e chorou na estação de Roma porque nossas malas seguiram sozinhas para Paris e você ficou morrendo de pena delas partindo assim no meio de todas aquelas malas estrangeiras. E porque você, quando sonha que eu estou passando você para trás, transfere sua DDC para o meu cotidiano, e implica comigo o dia inteiro como se eu tivesse culpa de você ser assim tão subliminar. E porque quando você começou a gostar de mim, procurava saber por todos os modos com que camisa esporte eu ia sair para fazer mimetismo de amor, se vestindo parecido. E porque você tem um rosto que está sempre num nicho, mesmo quando põe o cabelo para cima, como uma santa moderna, e anda lento, e fala em 33 rotações, mas sem ficar chata. E porque você é uma menina com uma flor, eu lhe predigo muitos anos de felicidade, pelo menos até eu ficar velho: mas só quando eu der aquela paradinha marota para olhar para trás, aí você pode se mandar, eu compreendo.

E porque você é uma menina com uma flor e tem um andar de pajem medieval; e porque você quando canta nem um mosquito ouve a sua voz, e você desafina lindo e logo conserta, e às vezes acorda no meio da noite e fica cantando feito uma maluca. E porque você tem um ursinho chamado Nounouse e fala mal de mim para ele, e ele escuta mas não concorda porque é muito meu chapa, e quando você se sente perdida e sozinha no mundo você se deita agarrada com ele e chora feito uma boba fazendo um bico deste tamanho. E porque você é uma menina que não pisca nunca e seus olhos foram feitos na primeira noite da Criação, e você é capaz de ficar me olhando horas. E porque você é uma menina que tem medo de ver a Cara na Vidraça, e quando eu olho você muito tempo você vai ficando nervosa até eu dizer que estou brincando. E porque você é uma menina com uma flor e cativou meu coração e adora purê de batata, eu lhe peço que me sagre seu Constante e Fiel Cavalheiro.

E sendo você uma menina com uma flor, eu lhe peço também que nunca mais me deixe sozinho, como nesse último mês em Paris; fica tudo uma rua silenciosa e escura que não vai dar em lugar nenhum; os móveis ficam parados me olhando com pena; é um vazio tão grande que as outras mulheres nem ousam me amar porque dariam tudo para ter um poeta penando assim por elas, a mão no queixo, a perna cruzada triste e aquele olhar que não vê. E porque você é a única menina com uma flor que eu conheço, eu escrevi uma canção tão bonita para você, "Minha namorada", a fim de que, quando eu morrer, você, se por acaso não morrer também, fique deitadinha abraçada com Nounouse, cantando sem voz aquele pedaço em que eu digo que você *tem de ser a estrela derradeira, minha amiga e companheira, no infinito de nós dois.*

E já que você é uma menina com uma flor e eu estou vendo você subir agora — tão purinha entre as marias--sem-vergonha — a ladeira que traz ao nosso chalé, aqui nestas montanhas recortadas pela mão presciente de Guignard; e o meu coração, como quando você me disse que me amava, põe-se a bater cada vez mais depressa. E porque eu me levanto para recolher você no meu abraço, e o mato à nossa volta se faz murmuroso e se enche de vaga-lumes enquanto a noite desce com seus segredos, suas mortes, seus espantos — eu sei, ah, eu sei que o meu amor por você é feito de todos os amores que eu já tive, e você é a filha dileta de todas as mulheres que eu amei; e que todas as mulheres que eu amei, como tristes estátuas ao longo da aleia de um jardim noturno, foram passando você de mão em mão, de mão em mão até mim, cuspindo no seu rosto e enfeitando a sua fronte de grinaldas; foram passando você até mim entre cantos, súplicas e vociferações — porque você é linda, porque você é meiga e sobretudo porque você é uma menina com uma flor.

TERNURA

Eu te peço perdão por te amar de repente
Embora o meu amor seja uma velha canção nos teus
[ouvidos
Das horas que passei à sombra dos teus gestos
Bebendo em tua boca o perfume dos sorrisos
Das noites que vivi acalentado
Pela graça indizível dos teus passos eternamente
[fugindo
Trago a doçura dos que aceitam melancolicamente.
E posso te dizer que o grande afeto que te deixo
Não traz o exaspero das lágrimas nem a fascinação das
[promessas
Nem as misteriosas palavras dos véus da alma...
É um sossego, uma unção, um transbordamento de
[carícias
E só te pede que te repouses quieta, muito quieta
E deixes que as mãos cálidas da noite encontrem sem
[fatalidade o olhar extático da aurora.

O MAIS-QUE-PERFEITO

Ah, quem me dera ir-me
Contigo agora
Para um horizonte firme
(Comum, embora...)
Ah, quem me dera ir-me!

Ah, quem me dera amar-te
Sem mais ciúmes
De alguém em algum lugar
Que não presumes...
Ah, quem me dera amar-te!

Ah, quem me dera ver-te
Sempre a meu lado
Sem precisar dizer-te
Jamais: cuidado...
Ah, quem me dera ver-te!

Ah, quem me dera ter-te
Como um lugar
Plantado num chão verde
Para eu morar-te
Morar-te até morrer-te...

MONTEVIDÉU, 1.11.1958

POEMA DE ANIVERSÁRIO

Porque fizeste anos, Bem-Amada, e a asa do tempo roçou teus cabelos negros, e teus grandes olhos calmos miraram por um momento o inescrutável Norte...

Eu quisera dar-te, ademais dos beijos e das rosas, tudo o que nunca foi dado por um homem à sua Amada, eu que tão pouco te posso ofertar. Quisera dar-te, por exemplo, o instante em que nasci, marcado pela fatalidade de tua vinda. Verias, então, em mim, na transparência do meu peito, a sombra de tua forma anterior a ti mesma.

Quisera dar-te também o mar onde nadei menino, o tranquilo mar de ilha em que me perdia e em que mergulhava, e de onde trazia a forma elementar de tudo o que existe no espaço acima — estrelas mortas, meteoritos submersos, o plancto das galáxias, a placenta do Infinito.

E mais, quisera dar-te as minhas loucas carreiras à toa, por certo em premonitória busca de teus braços, e a vontade de grimpar tudo de alto, e transpor tudo de proibido, e os elásticos saltos dançarinos para alcançar folhas, aves, estrelas — e a ti mesma, luminosa Lucina, a derramar claridade em mim menino.

Ah, pudesse eu dar-te o meu primeiro medo e a minha primeira coragem; o meu primeiro medo à treva e a minha primeira coragem de enfrentá-la, e o primeiro arrepio sentido ao ser tocado de leve pela mão invisível da Morte.

E o que não daria eu para ofertar-te o instante em que, jazente e sozinho no mundo, enquanto soava em prece o cantochão da noite, vi tua forma emergir do meu flanco, e se esforçar, imensa ondina arquejante, para se desprender de mim; e eu te pari gritando, em meio a temporais desencadeados, roto e imundo do pó da terra.

Gostaria de dar-te, Namorada, aquela madrugada em que, pela primeira vez, as brancas moléculas do papel diante de mim dilataram-se ante o mistério da poesia subitamente incorporada; e dá-la com tudo o que nela havia de silencioso e inefável — o pasmo das estrelas, o mudo assombro das casas, o murmúrio místico das árvores a se tocarem sob a lua.

E também o instante anterior à tua vinda, quando, esperando-te chegar, relembrei-te adolescente naquela mesma cidade em que te reencontrava anos depois; e a certeza que tive, ao te olhar, da fatalidade insigne do nosso encontro, e de que eu estava, de um só golpe, perdido e salvo.

Quisera dar-te, sobretudo, Amada minha, o instante da minha morte; e que ele fosse também o instante da tua morte, de modo que nós, por tanto tempo em vida separados, vivêssemos em nosso decesso uma só eternidade; e que nossos corpos fossem embalsamados e sepultados juntos e acima da terra; e que todos aqueles que ainda se vão amar pudessem ir mirar-nos em nosso último leito; e que sobre nossa lápide comum jazesse a estátua de um homem parindo uma mulher do seu flanco; e que nela houvesse apenas, como epitáfio, estes versos finais de uma canção que te dediquei:

> *... dorme, que assim*
> *dormirás um dia*
> *na minha poesia*
> *de um sono sem fim...*

SONETO DA ROSA TARDIA

Como uma jovem rosa, a minha amada...
Morena, linda, esgalga, penumbrosa
Parece a flor colhida, ainda orvalhada
Justo no instante de tornar-se rosa.

Ah, por que não a deixas intocada
Poeta, tu que és pai, na misteriosa
Fragrância do seu ser, feito de cada
Coisa tão frágil que perfaz a rosa...

Mas (diz-me a Voz) por que deixá-la em haste
Agora que ela é rosa comovida
De ser na tua vida o que buscaste

Tão dolorosamente pela vida?
Ela é rosa, poeta... assim se chama...
Sente bem seu perfume... Ela te ama...

RIO, JULHO DE 1963

CANÇÃO PARA A AMIGA DORMINDO

Dorme, amiga, dorme
Teu sono de rosa
Uma paz imensa
Desceu nesta hora.
Cerra bem as pétalas
Do teu corpo imóvel
E pede ao silêncio
Que não vá embora.

Dorme, amiga, o sono
Teu de menininha
Minha vida é a tua
Tua morte é a minha.
Dorme e me procura
Na ausente paisagem...
Nela a minha imagem
Restará mais pura.

Dorme, minha amada
Teu sono de estrela
Nossa morte, nada
Poderá detê-la.
Mas dorme, que assim
Dormirás um dia
Na minha poesia
De um sono sem fim...

ESSA, SENTADA AO PIANO

Essa, sentada ao piano
Vinte e dois anos em flor
É o anjo do meu arcano
É a dona do meu amor!
Deus que me dê vida imensa
E eu hei de dizer-lhe ainda
"— Antônia, você não pensa
Que a vida é uma coisa linda?"

MADRIGAL

PRA TATI

Nem os ruídos do mar, nem os do céu, nem as modulações
[frescas da campina; nem os ermos da noite sussurrando
[sossegos na sombra, nem os cantos votivos da morte,
[nem as palavras de amor lentas, perdidas; nem vozes da
[música, nem o eco patético das lamentações; nenhum
[som, nada
É como o doce, inefável ruído que meu ouvido ouve quando
[se pousa em carícia, ó minha amiga, sobre a carne tenra
[da tua barriguinha.

A BRUSCA POESIA DA MULHER AMADA

A MURILO MENDES

Longe dos pescadores os rios infindáveis vão morrendo
[de sede lentamente...
Eles foram vistos caminhando de noite para o amor — oh,
[a mulher amada é como a fonte!

A mulher amada é como o pensamento do filósofo sofrendo
A mulher amada é como o lago dormindo no cerro perdido
Mas quem é essa misteriosa que é como um círio crepitando
[no peito?
Essa que tem olhos, lábios e dedos dentro da forma
[inexistente?

Pelo trigo a nascer nas campinas de sol a terra amorosa
[elevou a face pálida dos lírios
E os lavradores foram se mudando em príncipes de mãos
[finas e rostos transfigurados...

Oh, a mulher amada é como a onda sozinha correndo
[distante das praias
Pousada no fundo estará a estrela, e mais além.

A BRUSCA POESIA DA MULHER AMADA (II)

A mulher amada carrega o cetro, o seu fastígio
É máximo. A mulher amada é aquela que aponta para
[a noite
E de cujo seio surge a aurora. A mulher amada
É quem traça a curva do horizonte e dá linha ao
[movimento dos astros.
Não há solidão sem que sobrevenha a mulher amada
Em seu acúmen. A mulher amada é o padrão índigo da
[cúpula
E o elemento verde antagônico. A mulher amada
É o tempo passado no tempo presente no tempo futuro
No sem tempo. A mulher amada é o navio submerso
É o tempo submerso, é a montanha imersa em líquen.
É o mar, é o mar, é o mar a mulher amada
E sua ausência. Longe, no fundo plácido da noite
Outra coisa não é senão o seio da mulher amada
Que ilumina a cegueira dos homens. Alta, tranquila
[e trágica
É essa que eu chamo pelo nome de mulher amada
Nascitura. Nascitura da mulher amada
É a mulher amada. A mulher amada é a mulher amada
[é a mulher amada
É a mulher amada. Quem é que semeia o vento? —
[a mulher amada!
Quem colhe a tempestade? — a mulher amada! Quem
[determina os meridianos? — a mulher
Amada! Quem a misteriosa portadora de si mesma?
A mulher amada! Talvegue, estrela, petardo
Nada a não ser a mulher amada necessariamente amada
Quando! E de outro não seja, pois é ela

A coluna e o gral, a fé e o símbolo, implícita
Na criação. Por isso, seja ela! A ela o canto e a oferenda
O gozo e o privilégio, a taça erguida e o sangue do poeta
Correndo pelas ruas e iluminando as perplexidades.
Eia, a mulher amada! Seja ela o princípio e o fim de todas
                                                    [as coisas.
Poder geral, completo, absoluto à mulher amada!

RIO, 1950

A BRUSCA POESIA DA MULHER AMADA (III)*

A NELITA

Minha mãe, alisa de minha fronte todas as cicatrizes do
[passado
Minha irmã, conta-me histórias da infância em que eu
[haja sido herói sem mácula
Meu irmão, verifica-me a pressão, o colesterol, a turvação
[do timol, a bilirrubina
Maria, prepara-me uma dieta baixa em calorias, preciso
[perder cinco quilos
Chamem-me a massagista, o florista, o amigo fiel para
[as confidências
E comprem bastante papel; quero todas as minhas
[esferográficas
Alinhadas sobre a mesa, as pontas prestes à poesia
Eis que se anuncia de modo sumamente grave
A vinda da mulher amada, de cuja fragrância
Já me chega o rastro.
É ela uma menina, parece de plumas
E seu canto inaudível acompanha desde muito a migração
[dos ventos
Empós meu canto. É ela uma menina
Como um jovem pássaro, uma súbita e lenta dançarina
Que para mim caminha em pontas, os braços suplicantes
Do meu amor em solidão. Sim, eis que os arautos
Da descrença começam a encapuzar-se em negros mantos
Para cantar seus réquiens e os falsos profetas

---

* Optamos por acrescentar o número ao título a fim de diferenciar
este poema de outros dois que trazem o mesmo nome: "A brusca poesia da mulher amada". O primeiro apareceu no livro *Novos poemas*
(1938) e o segundo em *Novos poemas II* (1959). [Nota do organizador.]

A ganhar rapidamente os logradouros para gritar suas
[mentiras
Mas nada a detém; ela avança, rigorosa
Em rodopios nítidos
Criando vácuos onde morrem as aves.
Seu corpo, pouco a pouco
Abre-se em pétalas... Ei-la que vem vindo
Como uma escura rosa voltejante
Surgida de um jardim imerso em trevas.
Ela vem vindo... Desnudai-me, aversos!
Lavai-me, chuvas! Enxugai-me, ventos!
Alvorecei-me, auroras nascituras!
Eis que chega de longe, como a estrela
De longe, como o tempo
A minha amada última!

AMOR NOS TRÊS PAVIMENTOS

Eu não sei tocar, mas se você pedir
Eu toco violino fagote trombone saxofone.
Eu não sei cantar, mas se você pedir
Dou um beijo na lua, bebo mel himeto
Pra cantar melhor.
Se você pedir eu mato o papa, eu tomo cicuta
Eu faço tudo que você quiser.

Você querendo, você me pede, um brinco, um namorado
Que eu te arranjo logo.
Você quer fazer verso? É tão simples!… você assina
Ninguém vai saber.
Se você me pedir, eu trabalho dobrado
Só pra te agradar.

Se você quisesse!… até na morte eu ia
Descobrir poesia.
Te recitava as "Pombas", tirava modinhas
Pra te adormecer.
Até um gurizinho, se você deixar
Eu dou pra você…

ACALANTO DA ROSA

COM MÚSICA DE CLAUDIO SANTORO

Dorme a estrela no céu
Dorme a rosa em seu jardim
Dorme a lua no mar
Dorme o amor dentro de mim

É preciso pisar leve
Ai, é preciso não falar
Meu amor se adormece
Que suave o seu perfume

Dorme em paz rosa pura
O teu sono não tem fim

ELEGIA LÍRICA

Um dia, tendo ouvido bruscamente o apelo da amiga
[desconhecida
Pus-me a descer contente pela estrada branca do sul
E em vão eram tristes os rios e torvas as águas
Nos vales havia mais poesia que em mil anos.

Eu devia ser como o filósofo errante à imagem da Vida
O riso me levava nas asas vertiginosas das andorinhas
E em vão eram tristes os rios e torvas as águas
Sobre o horizonte em fogo cavalos vermelhos pastavam.

Por todos os lados flores, não flores ardentes, mas outras
[flores
Singelas, que se poderiam chamar de outros nomes que
[não os seus
Flores como borboletas prisioneiras, algumas pequenas
[e pobrezinhas
Que lá aos vossos pés riam-se como orfãzinhas
[despertadas.

Que misericórdia sem termo vinha se abatendo sobre mim!
Meus braços se fizeram longos para afagar os seios das
[montanhas
Minhas mãos se tornaram leves para reconduzir
[o animalzinho transviado
Meus dedos ficaram suaves para afagar a pétala murcha.

E acima de tudo me abençoava o anjo do amor sonhado...
Seus olhos eram puros e mutáveis como profundezas
[de lago

Ela era como uma nuvem branca num céu de tarde
Triste, mas tão real e evocativa como uma pintura.

Cheguei a querê-la em lágrimas, como uma criança
Vendo-a dançar ainda quente de sol nas gazes frias
                                        [da chuva
E a correr para ela, quantas vezes me descobri confuso
Diante de fontes nuas que me prendiam e me
                                        [abraçavam...

Meu desejo era bom e meu amor fiel
Versos que outrora fiz vinham-me sorrir à boca...
Oh, doçura! que colmeia és de tanta abelha
Em meu peito a derramares mel tão puro!

E vi surgirem as luzes brancas da cidade
Que me chamavam; e fui... Cheguei feliz
Abri a porta... ela me olhou e perguntou meu nome:
Era uma criança, tinha olhos exaltados, parecia me
                                        [esperar.

*

A minha namorada é tão bonita, tem olhos como
                                [besourinhos do céu
Tem olhos como estrelinhas que estão sempre
                                [balbuciando aos passarinhos...
É tão bonita! tem um cabelo fino, um corpo menino
                                [e um andar pequenino
E é a minha namorada... vai e vem como uma patativa,
                                [de repente morre de amor
Tem fala de S e dá a impressão que está entrando por
                                [uma nuvem adentro...
Meu Deus, eu queria brincar com ela, fazer comidinha,
                                [jogar nai-ou-nentes
Rir e num átimo dar um beijo nela e sair correndo

E ficar de longe espiando-lhe a zanga, meio vexado,
                    [meio sem saber o que faça...
A minha namorada é muito culta, sabe aritmética,
                    [geografia, história, contraponto
E se eu lhe perguntar qual a cor mais bonita ela não dirá
                    [que é a roxa porém brique.
Ela faz coleção de cactos, acorda cedo, vai para o trabalho
E nunca se esquece que é a menininha do poeta.
Se eu lhe perguntar: Meu anjo, quer ir à Europa? ela diz:
                    [Quero se mamãe for!
Se eu lhe perguntar: Meu anjo, quer casar comigo?
                    [ela diz... — não, ela não acredita.
É doce! gosta muito de mim e sabe dizer sem lágrimas:
                    [Vou sentir tantas saudades quando você for...
É uma nossa senhorazinha, é uma cigana, é uma coisa
Que me faz chorar na rua, dançar no quarto, ter vontade
                    [de me matar e de ser presidente da República
É boba, ela! tudo faz, tudo sabe, é linda, ó anjo de
                    [Domrémy!
Deem-lhe uma espada, constrói um reino; deem-lhe uma
                    [agulha, faz um crochê
Deem-lhe um teclado, faz uma aurora, deem-lhe razão,
                    [faz uma briga...!
E do pobre ser que Deus lhe deu, eu, filho pródigo,
                    [poeta cheio de erro
Ela fez um eterno perdido...

"Meu benzinho adorado minha triste irmãzinha eu te peço
por tudo o que há de mais sagrado que você me escreva
uma cartinha sim dizendo como é que você vai que eu não
sei eu ando tão zaranza por causa do teu abandono eu choro e um dia pego tomo um porre danado que você vai ver e
aí nunca mais mesmo que você me quer e sabe o que eu
faço eu vou-me embora para sempre e nunca mais vejo esse
rosto lindo que eu adoro porque você é toda a minha vida
e eu só escrevo por tua causa ingrata e só trabalho para

casar com você quando a gente puder porque agora tudo
está tão difícil mas melhora não se afobe e tenha confiança
em mim que te quero acima do próprio Deus que me per-
doe eu dizer isso mas é sincero porque ele sabe que ontem
pensei todo o dia em você e acabei chorando no rádio por
causa daquele estudo de Chopin que você tocou antes de
eu ir-me embora e imagina só que estou fazendo uma história para você muito bonita e quando chega de noite eu
fico tão triste que até dá pena e tenho vontade de ir correndo te ver e beijo o ar feito bobo com uma coisa no coração
que já fui até no médico mas ele disse que é nervoso e me
falou que eu sou emotivo e eu peguei ri na cara dele e ele
ficou uma fera que a medicina dele não sabe que o meu
bem está longe melhor para ele eu só queria te ver uma
meia hora eu pedia tanto que você acabava ficando enfim
adeus que já estou até cansado de tanta saudade e tem gente aqui perto e fica feio eu chorar na frente deles eu não
posso adeus meu rouxinol me diz boa-noite e dorme pensando neste que te adora e se puder pensa o menos possível
no teu amigo para você não se entristecer muito que só
mereces felicidade do teu definitivo e sempre amigo..."

*

Tudo é expressão.
Neste momento, não importa o que eu te diga
Voa de mim como uma incontensão de alma ou como
[um afago.
Minhas tristezas, minhas alegrias
Meus desejos são teus, toma, leva-os contigo!
És branca, muito branca
E eu sou quase eterno para o teu carinho.
Não quero dizer nem que te adoro
Nem que tanto me esqueço de ti
Quero dizer-te em outras palavras todos os votos de
[amor jamais sonhados

Alóvena, ebaente
Puríssima, feita para morrer…

"Oh
Crucificado estou
Na ânsia deste amor
Que o pranto me transporta sobre o mar
Pelas cordas desta lira
Todo o meu ser delira
Na alma da viola a soluçar!"
Bordões, primas
Falam mais que rimas.
É estranho
Sinto que ainda estou longe de tudo
Que talvez fosse melhor cantar um blues
Yes!
Mas
O maior medo é que não me ouças
Que estejas deitada sonhando comigo
Vendo o vento soprar o avental da tua janela
Ou na aurora boreal de uma igreja escutando se erguer
[o sol de Deus.
Mas tudo é expressão!
Insisto nesse ponto, senhores jurados
O meu amor diz frases temíveis:
Angústia mística
Teorema poético
Cultura grega dos passeios no parque

No fundo o que eu quero é que ninguém me entenda
Para eu poder te amar tragicamente!

SEPARAÇÃO

Voltou-se e mirou-a como se fosse pela última vez, como quem repete um gesto imemorialmente irremediável. No íntimo, preferia não tê-lo feito; mas ao chegar à porta sentiu que nada poderia evitar a reincidência daquela cena tantas vezes contada na história do amor, que é história do mundo. Ela o olhava com um olhar intenso, onde existia uma incompreensão e um anelo, como a pedir-lhe, ao mesmo tempo, que não fosse e que não deixasse de ir, por isso que era tudo impossível entre eles.

Viu-a assim por um lapso, em sua beleza morena, real mas já se distanciando na penumbra ambiente que era para ele como a luz da memória. Quis emprestar tom natural ao olhar que lhe dava, mas em vão, pois sentia todo o seu ser evaporar-se em direção a ela. Mais tarde lembrar-se-ia não recordar nenhuma cor naquele instante de separação, apesar da lâmpada rosa que sabia estar acesa. Lembrar-se-ia haver-se dito que a ausência de cores é completa em todos os instantes de separação.

Seus olhares fulguraram por um instante um contra o outro, depois se acariciaram ternamente e, finalmente, se disseram que não havia nada a fazer. Disse-lhe adeus com doçura, virou-se e cerrou, de golpe, a porta sobre si mesmo numa tentativa de secionar aqueles dois mundos que eram ele e ela. Mas o brusco movimento de fechar prendera-lhe entre as folhas de madeira o espesso tecido da vida, e ele ficou retido, sem se poder mover do lugar, sentindo o pranto formar-se muito longe em seu íntimo e subir em busca de espaço, como um rio que nasce.

Fechou os olhos, tentando adiantar-se à agonia do momento, mas o fato de sabê-la ali ao lado, e dele separada por imperativos categóricos de suas vidas, não lhe dava forças para desprender-se dela. Sabia que era aquela a sua amada, por quem esperara desde sempre e que por muitos anos buscara em cada mulher, na mais terrível e dolorosa busca. Sabia, também, que o primeiro passo que desse colocaria em movimento sua máquina de viver e ele teria, mesmo como um autômato, de sair, andar, fazer coisas, distanciar-se dela cada vez mais, cada vez mais. E no entanto ali estava, a poucos passos, sua forma feminina que não era nenhuma outra forma feminina, mas a dela, a mulher amada, aquela que ele abençoara com os seus beijos e agasalhara nos instantes do amor de seus corpos. Tentou imaginá-la em sua dolorosa mudez, já envolta em seu espaço próprio, perdida em suas cogitações próprias — um ser desligado dele pelo limite existente entre todas as coisas criadas.

De súbito, sentindo que ia explodir em lágrimas, correu para a rua e pôs-se a andar sem saber para onde...

SERENATA DO ADEUS

COM MÚSICA DE VINICIUS DE MORAES

Ai, a lua que no céu surgiu
Não é a mesma que te viu
Nascer dos braços meus
Cai a noite sobre o nosso amor
E agora só restou do amor
Uma palavra: adeus

Ai, vontade de ficar
Mas tendo de ir embora
Ai, que amar é se ir morrendo pela vida afora
É refletir na lágrima
Um momento breve
De uma estrela pura, cuja luz morreu

Ah, mulher, estrela a refulgir
Parte, mas antes de partir
Rasga o meu coração
Crava as garras no meu peito em dor
E esvai em sangue todo amor
Toda a desilusão

Ai, vontade de ficar
Mas tendo de ir embora
Ai, que amar é se ir morrendo pela vida afora
É refletir na lágrima
Um momento breve de uma estrela pura
Cuja luz morreu
Numa noite escura
Triste como eu

É PRECISO DIZER ADEUS

COM MÚSICA DE TOM JOBIM

É inútil fingir
Não te quero enganar
É preciso dizer adeus
É melhor esquecer
Sei que devo partir
Só me resta dizer adeus

Ah, eu te peço perdão
Mas te quero lembrar
Como foi lindo
O que morreu

E essa beleza do amor
Que foi tão nossa
E me deixa tão só
Eu não quero perder
Eu não quero chorar
Eu não quero trair
Porque tu foste pra mim
Meu amor
Como um dia de sol

BOM DIA, TRISTEZA

COM MÚSICA DE ADONIRAN BARBOSA

Bom dia, tristeza
Que tarde, tristeza
Você veio hoje me ver
Já estava ficando
Até meio triste
De estar tanto tempo
Longe de você

Se chegue, tristeza
Se sente comigo
Aqui, nesta mesa de bar
Beba do meu copo
Me dê o seu ombro
Que é para eu chorar
Chorar de tristeza
Tristeza de amar

SONETO DE SEPARAÇÃO

De repente do riso fez-se o pranto
Silencioso e branco como a bruma
E das bocas unidas fez-se a espuma
E das mãos espalmadas fez-se o espanto.

De repente da calma fez-se o vento
Que dos olhos desfez a última chama
E da paixão fez-se o pressentimento
E do momento imóvel fez-se o drama.

De repente, não mais que de repente
Fez-se de triste o que se fez amante
E de sozinho o que se fez contente.

Fez-se do amigo próximo o distante
Fez-se da vida uma aventura errante
De repente, não mais que de repente.

OCEANO ATLÂNTICO, A BORDO DO *HIGHLAND PATRIOT*,
A CAMINHO DA INGLATERRA, SETEMBRO DE 1938

ANDAM DIZENDO

COM MÚSICA DE TOM JOBIM

Andam dizendo na noite
Que eu já não te amo
Que eu saio na noite
Mas já não te chamo
Que eu ando talvez
Procurando outro amor

Mas ninguém sabe, querida
O que é ter carinho
Que eu saio na noite
Mas fico sozinho
Mais perto da lua
Mais perto da dor
Perto da dor de saber
Que o meu céu não existe
Que tudo que nasce
Tem sempre um triste fim
Até meu carinho, até nosso amor

AUSÊNCIA

Eu deixarei que morra em mim o desejo de amar os teus
[olhos que são doces
Porque nada te poderei dar senão a mágoa de me veres
[eternamente exausto.
No entanto a tua presença é qualquer coisa como a luz
[e a vida
E eu sinto que em meu gesto existe o teu gesto e em
[minha voz a tua voz.
Não te quero ter porque em meu ser tudo estaria
[terminado
Quero só que surjas em mim como a fé nos desesperados
Para que eu possa levar uma gota de orvalho nesta terra
[amaldiçoada
Que ficou sobre a minha carne como uma nódoa do
[passado.
Eu deixarei... tu irás e encostarás a tua face em outra
[face
Teus dedos enlaçarão outros dedos e tu desabrocharás
[para a madrugada
Mas tu não saberás que quem te colheu fui eu, porque eu
[fui o grande íntimo da noite
Porque eu encostei minha face na face da noite e ouvi
[a tua fala amorosa
Porque meus dedos enlaçaram os dedos da névoa
[suspensos no espaço
E eu trouxe até mim a misteriosa essência do teu
[abandono desordenado.
Eu ficarei só como os veleiros nos portos silenciosos
Mas eu te possuirei mais que ninguém porque poderei
[partir

E todas as lamentações do mar, do vento, do céu, das aves,
[das estrelas
Serão a tua voz presente, a tua voz ausente, a tua voz
[serenizada.

CANTO TRISTE

COM MÚSICA DE EDU LOBO

Porque sempre foste
A primavera em minha vida
Volta para mim
Desponta novamente no meu canto
Eu te amo tanto mais
Te quero tanto mais

Ah, quanto tempo faz
Partiste como a primavera
Que também te viu partir
Sem um adeus sequer
E nada existe mais em minha vida
Como um carinho teu
Como um silêncio teu
Lembro um sorriso teu
Tão triste

Ah, lua sem compaixão
Sempre a vagar no céu
Onde se esconde a minha bem-amada
Onde a minha namorada
Vai e diz a ela as minhas penas
E que eu peço, peço apenas
Que ela lembre as nossas horas de poesia
As noites de paixão
E diz-lhe da saudade em que me viste
Que estou sozinho
Que só existe meu canto triste
Na solidão

SAMBA EM PRELÚDIO

COM MÚSICA DE BADEN POWELL

Eu sem você
Não tenho porquê
Porque sem você
Não sei nem chorar
Sou chama sem luz
Jardim sem luar
Luar sem amor
Amor sem se dar

Eu sem você
Sou só desamor
Um barco sem mar
Um campo sem flor
Tristeza que vai
Tristeza que vem
Sem você, meu amor, eu não sou ninguém

Ah, que saudade
Que vontade de ver renascer nossa vida
Volta, querida
Os meus braços precisam dos teus
Teus abraços precisam dos meus
Estou tão sozinho
Tenho os olhos cansados de olhar para o além
Vem ver a vida
Sem você, meu amor, eu não sou ninguém

INSENSATEZ

COM MÚSICA DE TOM JOBIM

Ah, insensatez que você fez
Coração mais sem cuidado
Fez chorar de dor o seu amor
Um amor tão delicado

Ah, por que você foi fraco assim
Assim tão desalmado
Ah, meu coração, quem nunca amou
Não merece ser amado

Vai, meu coração, ouve a razão
Usa só sinceridade
Quem semeia vento, diz a razão
Colhe sempre tempestade

Vai, meu coração, pede perdão
Perdão apaixonado
Vai, porque quem não pede perdão
Não é nunca perdoado

POEMA DOS OLHOS DA AMADA

COM MÚSICA DE PAULO SOLEDADE

Ó minha amada
Que olhos os teus
São cais noturnos
Cheios de adeus
São docas mansas
Trilhando luzes
Que brilham longe
Longe nos breus...

Ó minha amada
Que olhos os teus
Quanto mistério
Nos olhos teus
Quantos saveiros
Quantos navios
Quantos naufrágios
Nos olhos teus...

Ó minha amada
Que olhos os teus
Se Deus houvera
Fizera-os Deus
Pois não os fizera
Quem não soubera
Que há muitas eras
Nos olhos teus.

Ah, minha amada
De olhos ateus
Cria a esperança

Nos olhos meus
De verem um dia
O olhar mendigo
Da poesia
Nos olhos teus.

RIO, 1950

CHORA CORAÇÃO

COM MÚSICA DE TOM JOBIM

Tem pena de mim
Ouve só meus ais
Eu não posso mais
Tem pena de mim

Quando o dia está bonito
Ainda a gente se distrai
Mas que triste de repente
Quando o véu da noite cai

Aqui fora está tão frio
E lá dentro está também
Não há tempo mais vazio
Do que longe do meu bem

Olha o céu, olha as estrelas
Que beleza de luar
Mas é tudo uma tristeza
Se eu não posso nem contar

O relógio bate as horas
Diz baixinho ela não vem
Ai de mim de tão altivo
Fiquei só, sem o meu bem

Chora coração
Ouve só meus ais
Eu não posso mais
Chora coração

PRIMAVERA

COM MÚSICA DE CARLOS LYRA

O meu amor sozinho
É assim como um jardim sem flor
Só queria poder ir dizer a ela
Como é triste se sentir saudade

É que eu gosto tanto dela
Que é capaz dela gostar de mim
E acontece que eu estou mais longe dela
Que da estrela a reluzir na tarde

Estrela, eu lhe diria
Desce à terra, o amor existe
E a poesia só espera ver
Nascer a primavera
Para não morrer

Não há amor sozinho
É juntinho que ele fica bom
Eu queria dar-lhe todo o meu carinho
Eu queria ter felicidade

É que o meu amor é tanto
Um encanto que não tem mais fim
E no entanto ele nem sabe que isso existe
É tão triste se sentir saudade

Amor, eu lhe direi
Amor que eu tanto procurei
Ah, quem me dera eu pudesse ser
A tua primavera
E depois morrer

BRIGAS NUNCA MAIS

COM MÚSICA DE TOM JOBIM

Chegou, sorriu, venceu, depois chorou
Então fui eu quem consolou sua tristeza
Na certeza de que o amor tem dessas fases más
E é bom para fazer as pazes, mas
Depois fui eu quem dela precisou
E ela então me socorreu
E o nosso amor mostrou que veio pra ficar
Mais uma vez por toda vida
Bom é mesmo amar em paz
Brigas nunca mais

PETITE HISTOIRE NATURELLE
(poema de pazes)

Ela dá beijos como dão mel
As abelhinhas do céu
Bichinhos tontos fazendo favos
Nos meus desejos, Deus meu!
Ah, que assim tantos e assim tão doces
Até os revendera eu —
Não fossem eles por mim comprados
Nem fosse a dona que os deu.

CHEGA DE SAUDADE

COM MÚSICA DE TOM JOBIM

Vai, minha tristeza
E diz a ela que sem ela não pode ser
Diz-lhe numa prece
Que ela regresse
Porque eu não posso mais sofrer

Chega de saudade
A realidade é que sem ela
Não há paz, não há beleza
É só tristeza e a melancolia
Que não sai de mim
Não sai de mim
Não sai

Mas se ela voltar
Se ela voltar
Que coisa linda
Que coisa louca
Pois há menos peixinhos a nadar no mar
Do que os beijinhos que eu darei na sua boca

Dentro dos meus braços os abraços
Hão de ser milhões de abraços
Apertado assim, colado assim, calado assim,
Abraços e beijinhos e carinhos sem ter fim
Que é pra acabar com esse negócio
De você viver sem mim
Não quero mais esse negócio
De você longe de mim…
Vamos deixar desse negócio
De você viver sem mim…

CANÇÃO EM MODO MENOR

COM MÚSICA DE TOM JOBIM

Porque cada manhã me traz
O mesmo sol sem resplendor
E o dia é só um dia a mais
E a noite é sempre a mesma dor
Porque o céu perdeu a cor
E agora em cinzas se desfaz
Porque eu já não posso mais
Sofrer a mágoa que sofri
Porque tudo que eu quero é paz
E a paz só pode vir de ti
Porque meu sonho se perdeu
E eu sempre fui um sonhador
Porque perdidos são meus ais
E foste para nunca mais

Oh, meu amor
Porque minha canção morreu
No apelo mais desolador
Porque a solidão sou eu
Oh, volta aos braços meus, amor, amor

CARTA DE TATI
PARA VINICIUS DE MORAES

(RIO), OUTUBRO 6, 1938

Recebi sua carta de 27, Darling, e não sei o que te responder. Tive uma decepção enorme de saber que você só tem um mês de férias em dezembro e que elas começam tão cedo. Darling, estou achando muito apertado eu fazer tudo o que tenho de fazer e chegar aí dia 15. Você fala que eu devo ter coragem. Coragem pra quê, Darling, pra te ver mais depressa? Isso seria o meu impulso natural, e o que eu preciso é de coragem pra aguentar mais tempo longe de você.

Darling, se você soubesse como minha vida ficou monótona, com sem gosto de nada. Às vezes tenho a impressão que não vou poder aguentar nem mais cinco minutos sem te ver, e ainda faltam tantos cinco minutos, meu bem. Darling, por que que eu preciso de você desse jeito? Não acho isso bom nem pra você nem pra mim, mas não consigo me livrar dessa impressão de vazio que ficou em mim desde que você foi embora. Você lembra aquele versinho que você me mandou da estrela polar? Pois eu estou também como a estrelinha franciscana, perdida num polo norte de chateação que ficou isso aqui sem você, meu amor. Tudo é uma lembrança sua de um tempo tão bom onde tudo foi tão perfeito.

Darling, você foi embora e eu acredito que você esteja sentindo falta de mim, mas você não sabe o que é a gente ficar pra trás, no mesmo lugar, se torturando com tantas recordações. Darling, nem quero falar mais nisso, não quero te fazer ficar triste com a minha tristeza. Toda vez que eu vou te escrever, prometo a mim mesma que vai ser uma carta alegre, mas, quando percebo, já estou no meio de uma choradeira incrível. Ando muito chorona, darling, mais ainda que você (!), e cada vez que me contam alguma história menos alegre, fico logo com os olhos cheios de água, não por causa da história, mas porque elas andam muito fáceis mesmo. Minha sensibilidade anda roída, cansada de se conter. Me perdoa essa fraqueza, mas eu estou sentindo tanta falta de você, meu bem. Você gosta de mim? Você não se importa de eu perguntar tantas vezes isso? Darling, acho que eu estou desabando demais em cima de você. Me manda dizer uns desaforos pra eu *pull myself together*. Eu sou mesmo uma negrinha muito à toa, como sempre diz Nenê.

Agora, Darling, esse negócio da minha ida assim tão cedo está meio difícil, como eu já disse, mas também não tenho coragem de esperar até junho, que calculo que sejam as outras férias suas. Darling, eu preciso arranjar a minha vida financeira aqui, não quero ir sem arranjar isso, porque não acho que seja justo você se espremer por minha causa. Não é nada de orgulho besta, nem haveria razão para ser, mas simplesmente pelo motivo que estou te dando. Eu não tenho medo também de vida apertada. Eu teria medo de uma vida deselegante, mas isso sei que tenho capacidade pra impedir que aconteça. Você compreende o que eu quero dizer, Darling? Agora, eu acho que até fevereiro eu consigo arranjar o que eu quero e ir com a consciência muito mais limpa. Eu não queria atrapalhar nenhuma chance sua nem impedir que você fizesse as suas viagens e aproveitasse o seu tempo o mais possível. Algum sacrifício você terá mesmo que fazer por mim, mas quero reduzir isso o quanto for possível.

Darling, você pode esperar um pouco mais? Parece pretensioso até eu te perguntar isso, você estando aí em Londres, *surrounded by beautiful blondes* e tendo a francesinha pra te consolar. Tenho uma desconfiança danada de francesa, pra mim é sempre sinônimo de "malcomportada". Darling, *sorry*, eu estou brincando, sei que você não faria isso, mas é que eu ando *jealous "as two Othellos rolled in me*", e fiquei meio queimada com a sua descrição dos olhos dela. Se é por questão de nobreza, eu também tenho uma tia condessa que mora em Paris...

Mas, Darling, você não acha que é mais razoável (palavra besta) a gente esperar esse tempinho mais? Não me incomodo de te ver só nos *weekends*, é melhor que nada, e assim eu poderia esperar com mais calma por esses seis meses que eu acho que até não existem de tão bom que vai ser. Darling, o que é que eu vou fazer de tanta coisa esplêndida que vai acontecer pra mim? Acho que a única solução é fazer um livro de versos, pra seu grande desgosto. Darling, que vontade de te dar tanto beijo. Darling, *I want you!* Darling, *sorry being so* assanhada.

Você não está ligando muito pra Londres, e isso me deixa muito escandalizada. Eu estava esperando por algumas descrições literárias, mas nada. Você nem me manda dizer se já foi ao zoo, só que esteve em Green Gardens, que eu imagino que seja Kew Gardens, e sempre com a tal francesa! Darling, você não está encantado com os cachorros ingleses. Você reparou em Hyde Park como eles são bem-educados e nunca brigam? Você não repara nada e não tem o menor senso artístico. Que tal você achou Nina? Estou ansiosa pra saber sua impressão. Pergunta a ela e me manda dizer que fim levou John Parrett, que era muito amigão meu. Tanta gente daí que eu gostaria de rever ou de saber notícias. Era um pessoal tão camarada e de quem tenho uma lembrança ótima.

Do pessoal daqui não há novidade, a não ser com Celia. Na revisão do processo, o marido apanhou três anos e meio de cadeia, e ela está desesperada. Tenho muita pena, mas uma esperançazinha que durante esse tempo ela enjoe dele e toque a vida pra frente. O Portinari foi passar um mês fora com a família, pra afastar Olguinha do bem-amado, e é só.

Escrevi ontem uma carta imensa pra mamãe falando sobre o nosso caso. Mamãe está sendo fina nisso tudo e é preciso também fazer concessões a ela. Darling, se você achar que as razões que eu estou te dando pra só ir em fevereiro não bastam e quiser que eu vá de todo jeito, você pode contar que eu vou. Você pensa bem e resolve como quiser. Eu só tenho um desejo, que é te ver, ficar com você o mais depressa que for possível, mas não quero deixar de pensar também no lado prático das coisas. A responsabilidade de pensar nisso tem que ser minha, e não sua, porque desconfio que você nem suspeita que exista esse lado.

Meu bem, tenho tanta vontade que você se sinta feliz comigo, você sabe, além de todo o meu amor, eu sou sua amigona de verdade e nunca vou te *let down*. Conta comigo, Darling, em tudo que eu só estou na vida pra isso. *Dear, how very romantic!*

Meu bem, beijo em papel é desenxabido, mas estou pondo toda a imaginação pra te beijar agora, como se tu tivesses aqui junto de mim.

VALSA DE EURÍDICE
(*EURÍDICE*)

Tantas vezes já partiste
Que chego a desesperar
Chorei tanto, estou tão triste
Que já nem sei mais chorar
Oh, meu amado, não parta
Não parta de mim
Oh, uma partida que não tem fim
Não há nada que conforte
A falta dos olhos teus
Pensa que a saudade
Mais do que a própria morte
Pode matar-me
De adeus

ONDE ANDA VOCÊ

COM MÚSICA DE HERMANO SILVA

E por falar em saudade
Onde anda você
Onde andam os seus olhos
Que a gente não vê
Onde anda esse corpo
Que me deixou morto
De tanto prazer

E por falar em beleza
Onde anda a canção
Que se ouvia na noite
Dos bares de então
Onde a gente ficava
Onde a gente se amava
Em total solidão

Hoje eu saio na noite vazia
Numa boemia sem razão de ser
Na rotina dos bares
Que apesar dos pesares
Me trazem você

E por falar em paixão
Em razão de viver
Você bem que podia me aparecer
Nesses mesmos lugares
Na noite, nos bares
Onde anda você

O QUE TINHA DE SER

COM MÚSICA DE TOM JOBIM

Porque foste na vida
A última esperança
Encontrar-te me fez criança
Porque já eras meu
Sem eu saber sequer
Porque és o meu homem
E eu tua mulher

Porque tu me chegaste
Sem me dizer que vinhas
E tuas mãos foram minhas com calma
Porque foste em minh'alma
Como um amanhecer
Porque foste o que tinha de ser

CARTA DE VINICIUS DE MORAES PARA TATI

MAGDALEN COLLEGE, OXFORD, 31 DE OUTUBRO DE 1938

Macaquinha adorada,

Tou roendo uma ressaca braba hoje, depois de um jantar de gala ontem à noite no Boat Club, que acabou não só em pancadaria esportiva, num quarto do colégio, todo mundo completamente de pileque, como em grande depredação mais tarde, no hall. Isso (*believe it or not*) acabou com a resistência dos *post graduates* a nós, e nos colocou dentro da vida do colégio. Foi uma espécie de batismo de fogo, e já hoje o ambiente do jantar foi risonho pra mim — tinha sido perfeitamente fúnebre até agora. Ouvi vários "*Hello, De Moraes!*", "*How's the guitar?*" — porque naturalmente a "*guitar*" compareceu e foi bem recebida. Em compensação, durante o fecha, rasguei meu smoking. E estou praticamente inutilizado para essa semana, passei a noite vomitando (*sorry*) — mas vomitando champagne e sherry, o que enobrece o ato. E mal posso sacudir a cabeça, e o coração tá tão fraquinho, tadinho, batendo levinho ta-ti! Ta-ti! Ta-ti!

Darlingzinha, você está bem, amor? Você me disse que andava magrica, meu anjo, é verdade mesmo, garota? Tadinha da pintinha, tão fraquinha! E a barriguinha? Darling, essa barriguinha, você não sabe o papel que ela representa na minha vida. Cria ela antes de vir, sim, igualzinha como ela era. Amor de barriguinha! Darling, que saudade! Fico com vontade de chorar quando penso. Tu vem já, já, vem? Tu vem com o teu riso tão bonito e os ôio marrom glacé, glacé nada, esses ôio são mais quentes que *pudding* inglês. Que mania besta, você não acha, darling, de dar *pudding* quente pra gente!

Darling, já sou teu, pelos laços sagrados do matrimônio? Manda contar como foi. Mandei a procuração no mesmo dia, com uma porção de sandices mais, perdoa, garota, mas eu tava meio louco de alegria por saber que você tava apressando a vinda. Garotinha, garotinha, minha garota, tu me ama?

Ontem recebi carta da Malu, a mulher do Dema, que vai para a França passar um mês. Parece que a pobre pequena está fraquíssima e sofrendo demais do clima de Londres. Ela me dá uma ideia assim duma gata de luxo, que acabasse na rua e ficasse ao mesmo tempo com um ar vagabundo e elegante. Ela parece mesmo uma gata (é o bicho dela), malandríssima, leve, manhosa, cheia de dengue. Acho que eles estão cortando um oito pra viver, miséria bateu na porta. Fico com vontade de ajudar, mas sem jeito. Gosto muito deles, foram camaradíssimos comigo. Os filmes do Dema, acho mesmo que dão é água fria. Minha impressão muito particular, embora eles pareçam muito ternos um com outro, é que isso é o princípio do fim, como dizem os falsos letrados. *She's all right, but he's much too good for her, so that she can't take it as well as he can, if you know what I mean.* Ela vive assim como que agarrada à felicidade dele, mas se queixa muito da vida e tem displicência demais em relação a ela pra não sofrer todas as consequências disso, em revertere. Tá confuso que tá danado, mas você é inteligente. Em resumo: eu acho que ela não volta. Se voltar, tanto melhor, eu fico gostando dela ainda mais e me achando um péssimo caráter de ter pensado assim. Eu nunca sei se conheço uma mulher direito. Acho que não. Minha admiração pelo que elas são em si e pelo papel que têm na vida é tão grande que eu acho que não me deixa fazer psicologia sobre. É verdade, Darling. A única mulher que eu compreendo direito e acho que conheço é você, mas é aceitação e amor, antes que compreensão mesmo. Você, Darling, podia fazer não importa o quê, que eu sentia uma razão nisso. Mas vamos deixar de tretas, eu te adoro, te entendo, te venero, tu és minha vida, meu tudo, é diferente. Eu sou teu escravo, teu criado, tua cria e tu és a minha namorada ilícita e esposa amantíssima e cidadã ímpar na terra.

Darling, estou treinando num "*four*" no Tâmisa. Se der certo, vou correr por Magdalen nas próximas regatas *intercollege*. É ótimo. O treinador fica de bicicleta na margem e a gente correndo ao longo do rio. "*Get forward!* — *Are you ready?* — *Pedal!*" — essas são as ordens de saída. Pra parar, ele diz assim, com uma voz comprida: "Easy!". O boxe também vai indo. É um exercício danado de violento. Cada treino me vale uma machucadela ou coisa no gênero. Tou até com vontade de parar, ando com um medo danado que o joelho me saia fora um dia desses. Tenho é assistido lutas bem boas entre o pessoal dos colégios, verdadeiras carnificinas. A rapaziada é dura que é danada. E eu entrei para a Oxford Film Society, clube de vanguarda que tem aqui, onde descobri que vão passar filmes tais como *Êxtase*, *Chapaeu* [sic] [*Un chapeau de paille d'Italie*, de Marcel l'Herbier], *Greed*, *Marcha nupcial*, *Potemkim* etc.

Vou muito mal com os estudos, Darling. Anglo-saxão é bobagem. Me recuso a aprender aquilo, acho que vou desistir, mesmo que tenha que desistir do diploma final, o que aliás não me interessa muito, um já me basta. Literatura é mais agradável, é bem agradável — mas tô num período chatérrimo — lendo as peças de antes de Shakespeare, dificílimas de inglês — e por outro lado sou ainda incapaz de escrever um ensaio por semana em inglês. Meu inglês ainda não dá pra isso. Tenho é adorado repassar (e sobretudo em inglês — porque li em traduções portuguesas muito ruinzinhas) *Robinson Crusoe*, *Gulliver's Travels*, *Alice in Wonderland* e esse gênero. Tão bom, Darling! Passo tardes lendo no cantinho da lareira, caixa de cigarro do lado, uísque à mão, às vezes, me dá aquele cansaço da leitura, apago a luz, fico olhando o foguinho tão alegre (desisti do *chauffage*, que é uma boa porcaria). E então penso em você com mais calma e te amo tanto que às vezes fico com vontade de dar urros de amor. Darling, não há ninguém no mundo que ame tanto como eu te amo. É uma coisa introbicionelormanticapticuslúmica!

Manda dizer quando eu devo escrever para dona Juca. Não quero escrever sem estar preparado e com as notícias na mão. Quero também escrever pra casa. Espero carta tua, pra saber direito, sim, Darling? Que tal você achar o retrato? Incrível, não é? Tirei um outro com o cap na cabeça, mas saiu tão ruim, uma cara tão abestalhada e tão parecida com um cafajeste dum tio meu, que resolvi não te mandar.

Darling, tomei informações por aqui etc. Você poderá viver por aqui perfeitamente, durante meu tempo de curso. O impossível é fazer a coisa por menos de quinze libras mensais, donde será preciso restringir durante as férias as despesas, *to save some money*. Você se importa, Darling? Eu não ligo a mínima. Você terá uma bicicleta de segunda mão que eu te comprarei, e daremos grandes voltas por aqui. Darling, eu tenho você, um pouco de cigarro no bolso, um livro pra ler de vez em quando e um ou outro uísque aqui e ali. Sou perfeitamente feliz e não quero mais nada. Na verdade mesmo, só tendo você me chega, porque em último caso fumo o resto do teu cigarro e tou satisfeito. Quanto ao mais tenho tudo. O colégio dá tudo.

E nossa vida não será deselegante não, Darling. Eu também não gosto de viver deselegantemente. E por elegância eu compreendo: respeito, amor, entendimento, saúde, e o resto é uma matéria corriqueira de gosto, inteligência e sensibilidade. Ora, Darling, gosto, inteligência e sensibilidade nós temos a potes!

Dito isto vou dormir. Darling, tou com dor no gogó, você já viu que coisa mais estranha? Acho que algum cafajeste ontem me deu um murro no gogó. Tou com dor de cabeça também, coisa rara em mim. *What a night!*

Lembranças a todos. *Good night, Darling, all love.*

Vinicius

TOMARA

COM MÚSICA DE VINICIUS DE MORAES

Tomara
Que você volte depressa
Que você não se despeça
Nunca mais do meu carinho
E chore, se arrependa
E pense muito
Que é melhor se sofrer junto
Que viver feliz sozinho

Tomara
Que a tristeza te convença
Que a saudade não compensa
E que a ausência não dá paz
E o verdadeiro amor de quem se ama
Tece a mesma antiga trama
Que não se desfaz

E a coisa mais divina
Que há no mundo
É viver cada segundo
Como nunca mais

TEMPO DE AMOR

(*SAMBA DO VELOSO*)

COM MÚSICA DE BADEN POWELL

Ah, bem melhor seria poder viver em paz
Sem ter que sofrer
Sem ter que chorar
Sem ter que querer
Sem ter que se dar

Mas tem que sofrer
Mas tem que chorar
Mas tem que querer
Pra poder amar

Ah, mundo enganador
Mas não quer mais dizer amor

Ah, não existe coisa mais triste que ter paz
E se arrepender
E se conformar
E se proteger
De um amor a mais

O tempo de amor
É tempo de dor
O tempo de paz
Não faz nem desfaz

Ah, que não seja meu
O mundo onde o amor morreu

Ah, não existe coisa mais triste que ter paz
E se arrepender

E se conformar
E se proteger
De um amor a mais

BRINCANDO COM VINICIUS, BEATRIZ

Brincando com Vinicius, Beatriz
Um dia, por acaso (a cena é velha...)
Atingiu-o no cimo do nariz
Quero dizer: — o olho e a sobrancelha

Com golpe tal que apenas por um triz
(Embora tenha feito ver centelha...)
Não o cegou, deixando, por feliz
De Vinicius a vista mui vermelha.

E como é natural, escabreado
Vinicius, na primeira irritação
Pensou em retrucar o golpe dado

Por Beatriz; pensou, mas disse não!
É melhor esquecer, que machucado
Mais vale um olho do que um coração.

CARTA DE VINICIUS DE MORAES PARA LETA DE MORAES

MAGDALEN, OXFORD, 4 DE NOVEMBRO DE 1938

Leta darling,

Teu estado de espírito não me perturbou muito o prazer de receber tua carta. Fiquei um momento "abafado", mas passou. Você tem muita coisa de parecido comigo, e eu sei como é essa coisa de *mood*. Não quero te parecer duro, nem fechado aos seus problemas. Eu os compreendo demais. Somente que "gostar de Chopin ou dos meus versos" não é a única nem a verdadeira (pode ser verdadeira, mas não é a única verdadeira) coisa da vida. *Get me?*

Você é uma das pessoas que eu conheço que melhor equilibram na vida o lado fantástico dela, e a sedução do fantástico nela, com o lado prosaico e terra a terra que nós todos temos que viver. Isso é uma força sua e há, nos dois lados, muito que tirar de bom. Não se desequilibre com tédio, Leta, *please*. Tédio é um defeito de orgulho, não acrescenta nada. A gente tem ele, é inútil resistir, mas sempre que se puder deve-se dar um jeito. O jeito é botar o que há de bom em nós, e de supérfluo, na coisa ou criatura em que isso falta ou não aparece. Tem um pouco de "criação" aí também, você compreende.

Romance é bom, mas é também *too dangerous*. Que paz pode ter na vida uma mulher comigo? Há, no entanto, uma louca que aceitou todas essas dificuldades.

Você já sabe, talvez: Tati. É o que eu quero falar com você, antes de falar para minha mãe. *So, that's a secret, until next month*. Por essas horas, eu devo estar casado, compreende, ou muito próximo disso. Já mandei a procuração etc. Ela vem se encontrar comigo, em janeiro ou fevereiro. Como você sabe, eu não posso "ser casado" para fazer meu curso [*no Magdalen College*], *so we had to do it very secretly.* Aqui ela viverá comigo normalmente, como uma conhecida, tudo na maior discrição etc. e então, na volta, *all right.*

Muito bem, é inútil fazer pânico na família, você não acha? Eu estou perfeitamente sabendo onde tenho a cabeça. Eu próprio escrevi para ela: ou você vem ou vou eu (ela querendo fazer sacrifícios etc.). E estou no céu com o pé de fora, de felicidade. Naturalmente que eu não vou esconder de minha mãe, nem nada, mas quero dar tempo a esse casamento transoceânico (não sei ainda se já ocorreu), para mandar dizer depois com mais calma, de modo não só a não assustar, mas como de prevenir qualquer amorosa "astúcia" materna.

Ela [*Tati*] é um amor e eu quero [*que*] você telefone para ela e convide ela para um chá na Cidade. O telefone é 27-5295 (se não for, veja no catálogo Carlos Azevedo Leão e pergunte por Tati). Convide ela como se não fosse nada, seja de uma simpatia irresistível, dê duas palavras bem íntimas com ela, fazendo sentir a ela que você já sabe e sendo ao mesmo tempo perfeitamente simpática a tudo. Faça isso por mim, Leta, no maior segredo. Quando eu contar à minha mãe, o segredo entre nós sobre essa carta <u>deve permanecer</u>, no máximo você dirá que se conheceram casualmente — isso para não ferir as suscetibilidades.

Procure ser com ela meio louquinha em relação ao que nós vamos fazer, ache tudo bom, natural. Dê todo o apoio, fale muito de mim, conte minhas malucadas, fale da minha criancice. Isso dá assunto. Devo te dizer, para teu governo, que ela é de uma feiura linda e de uma elegância muito grande, apesar da "liberdade" com que fala e age na vida. É também vagamente *snob*, você compreende? Fale da Europa, dos Estados Unidos, com um interesse quente, mas reservado. Ela passou um ano aqui na Inglaterra e adorou. Fale da Inglaterra, fale do Hyde Park e fale sobretudo de mim. Ela adora que gostem de mim. Não oculte meus lados amorais não. Ela aceita tudo.

E procure *épater* ela com essa tua sonsura, com essa tua elegância natural e, sobretudo, com o melhor da tua simplicidade. Faça dela uma amiga. Ela é espontânea, sem defesa, fácil de conquistar por simpatia. E secretíssima. Seja amiga dela, Leta, porque é a mulher que eu escolhi na vida, e ela merece muito, porque é um amor de pessoa.

Não preciso te dizer mais nada. Já te disse demais até. Não é que eu pense que você não saiba como se haver numa situação dessas, não. Eu tenho toda confiança em você. Eu te digo como ela é, é pra te ajudar. Ela detesta coisas "muito inteligentes", coisas "acafajestadas", mas adora que sintam o como ela é ou sabe ser inteligente ou cafajeste quando quer. É uma pequena perfeitamente senhora de si e, ao mesmo tempo, uma criança pra se lidar com, sendo-se doce.

Do meu lado, não há perigo. Já investiguei tudo. É preciso só é segredo, todo o segredo do mundo. Faça sentir isso à minha mãe quando eu escrever para ela. Diga a ela, mais tarde, que não se afobe. E se mostre surpresa na ocasião, como se você tivesse acabado de receber a notícia. Diga, "Ah, Vina!", mas ache graça...

Beijos,
Vinicius

CARTA DE VINICIUS DE MORAES
PARA LETA DE MORAES

PARIS, 23 DE MARÇO DE 1957

Letinha querida,

Estou te escrevendo rapidamente para pedir que você se comunique com o Mauricio Fernandes, no Hotel Comodoro, em São Paulo, pedindo-lhe que sustenha a cobrança, através do Banco do Brasil, da promissória da letra que assinei pelo pagamento do hotel, cerca de um mês, em São Paulo, 22 contos e caquerada. Diga a ele que já estou providenciando a remessa do dinheiro.

Diga-lhe também que estranhei profundamente a cobrança seca e inamistosa, feita nos termos em que foi feita, e me ameaçando de cobrança através do Banco do Brasil. Bastava ele me ter escrito uma carta. Afinal de contas, somos, ou éramos, velhos amigos fraternos. Não entendo mais nada.

Estou muito chateado com Lila, pois as notícias que me chegam aqui são de que ela está se divertindo aí sem mim. Eu me enfurnei completamente, pois estou achando tudo uma merda, e já não consigo entender mais nada.

Entregue o dinheiro dos livros todo a ela. Depois providencie o negócio da Imprensa Nacional. Peça ao Irineu também, se possível, que lhe adiante o dinheiro do disco [*de poesia de Vinicius para a gravadora Festa, de Irineu Garcia*]. Isso, se for possível. Ela deve estar precisando.

Você tem sido um amor. Também fique sabendo que, por vocês, eu mataria, daria desfalques, faria qualquer negócio.

Beijos,

Vinicius

SEM VOCÊ

COM MÚSICA DE TOM JOBIM

Sem você
Sem amor
É tudo sofrimento
Pois você
É o amor
Que eu sempre procurei em vão
Você é o que resiste
Ao desespero e à solidão
Nada existe
E o mundo é triste
Sem você
Meu amor, meu amor
Nunca te ausentes de mim
Para que eu viva em paz
Para que eu não sofra mais
Tanta mágoa assim
No mundo
Sem você

CARTA DO AUSENTE

Meus amigos, se durante o meu recesso virem por acaso
                          [passar a minha amada
Peçam silêncio geral. Depois
Apontem para o infinito. Ela deve ir
Como uma sonâmbula, envolta numa aura
De tristeza, pois seus olhos
Só verão a minha ausência. Ela deve
Estar cega a tudo o que não seja o meu amor (esse
                          [indizível
Amor que vive trancado em mim como num cárcere
Mirando empós seu rastro).
Se for à tarde, comprem e desfolhem rosas
À sua melancólica passagem, e se puderem
Entoem *cantus primus*. Que cesse totalmente o tráfego
E silenciem as buzinas de modo que se ouça longamente
O ruído de seus passos. Ah, meus amigos
Ponham as mãos em prece e roguem, não importa a que
                          [ser ou divindade
Por que bem haja a minha grande amada
Durante o meu recesso, pois sua vida
É minha vida, sua morte a minha morte. Sendo possível
Soltem pombas brancas em quantidade suficiente para
                          [que se faça em torno
A suave penumbra que lhe apraz. Se houver por perto
Uma hi-fi, coloquem o "Noturno em si bemol" de Chopin;
                          [e se porventura
Ela se puser a chorar, oh recolham-lhe as lágrimas em
                          [pequenos frascos de opalina
A me serem mandados regularmente pela mala
                          [diplomática.

Meus amigos, meus irmãos (e todos
Os que amam a minha poesia)
Se por acaso virem passar a minha amada
Salmodiem versos meus. Ela estará sobre uma nuvem
Envolta numa aura de tristeza
O coração em luz transverberado. Ela é aquela
Que eu não pensava mais possível, nascida
Do meu desespero de não encontrá-la. Ela é aquela
Por quem caminham as minhas pernas e para quem
[foram feitos os meus braços
Ela é aquela que eu amo no meu tempo
E que amarei na minha eternidade — a amada
Una e impretérita. Por isso
Procedam com discrição mas eficiência: que ela
Não sinta o seu caminho, e que este, ademais
Ofereça a maior segurança. Seria sem dúvida de grande
[acerto
Não se locomovesse ela de todo, de maneira
A evitar os perigos inerentes às leis da gravidade
E do momentum dos corpos, e principalmente aqueles
[devidos
À falibilidade dos reflexos humanos. Sim, seria
[extremamente preferível
Se mantivesse ela reclusa em andar térreo e intramuros
Num ambiente azul de paz e música. Oh, que ela evite
Sobretudo dirigir à noite e estar sujeita aos imprevistos
Da loucura dos tempos. Que ela se proteja, a minha
[amada
Contra os males terríveis desta ausência
Com música e equanil. Que ela pense, agora e sempre
Em mim que longe dela ando vagando
Pelos jardins noturnos da paixão
E da melancolia. Que ela se defenda, a minha amiga
Contra tudo o que anda, voa, corre e nada; e que se
[lembre
Que devemos nos encontrar, e para tanto

É preciso que estejamos íntegros, e acontece
Que os perigos são máximos, e o amor de repente,
                              [de tão grande
Tornou tudo frágil, extremamente, extremamente frágil.

MONTEVIDÉU, JULHO DE 1958

CARTA DE VINICIUS DE MORAES
PARA D. LYDIA E CLODOALDO DE MORAES

OXFORD, 22 DE FEVEREIRO DE 1939

Minha mãezinha querida, meu pai,

Mando esta pra comunicar meu casamento (vocês me perdoem a precipitação e, sobretudo, a falta do pedido de licença) — não se afobe, Lydia, calma, muita calma! — meu casamento, dizia, por procuração, com a jovem e adorável senhorita Beatriz, vulgo Tati, Azevedo de Mello, neta do bravo almirante Custódio José de Mello, figura de destaque nas sociedades bandeirante e carioca, espécie muito comum de louca (pra escorar um tipo como eu!), enfim, a amada minha, vossa nova filha, um sol, uma mocidade, uma alegria na tristeza e na poesia do poeta.

Ela deve ir aí ver vocês antes de embarcar. Por essas horas vocês provavelmente já a viram. Me perdoem não ter mandado dizer antes, mas essa coisa de casamento ficou em suspenso até a última hora. É melhor assim, para tapar as más línguas quando voltarmos.

Naturalmente não preciso dizer a vocês que ela é tudo pra mim e que, se ela não viesse [*para a Inglaterra*], eu largava essa pinoia toda. Não *puedo vivir sin* ela.

Ela é um amor. É muito fácil de tratar. É uma criatura muito ardente, muito expansiva, muito malcriada, muito, até, um amor. Sejam bem camaradas com ela, animem--na em todos os projetos, sejam carinhosos com ela, deem doce de leite pra ela que o campo está ganho. Não falem mal de mim na frente dela, que ela não admite e se enfurece. E é das tais que, quando se enfurece, quebra prato. Bastante parecida, em várias coisas, com a distintíssima senhora sogra dela, esse amor de mãe que eu tenho.

Bom, meus velhos, lembrem-se que já casaram o terceiro filho. E psiu! Comuniquem às meninas — Leticia, aliás, já sabe mais ou menos, e Lygia também. Não se ofenda, minha mãe, não foi falta de confiança não, foi só pra não te assustar muito tempo antes da mandinga. Você, aliás, no fundo já sabia ou suspeitava. Te juro que foi pra evitar que você se enchesse de cuidados que não mandei te contar meus projetos mais cedo. Se você tem confiança, você sabe. Aliás, você já sabia mesmo.

Estou, naturalmente, em grande felicidade. Uma felicidade inimaginável. Ela vem encher tudo o que faltava, me ajudar nesse trabalho árido, me salvar. Ela é o anjo pra mim, tudo, vocês compreendem?

Ninguém sabe disso, a não ser as pessoas interessadas, o pessoal dela, vocês emais duas ou três pessoas de confiança, como o Octavio, o Zé [*Arthur*]. Não contem pra ninguém, a não ser quem vocês acharem um túmulo de discrição. Isso não deve absolutamente chegar aos ouvidos da família Mello Franco, não por eu desconfiar deles (eles são de inteira confiança e amizade, aliás, Rodrigo sabe), mas é que o velho Afrânio é presidente da Sociedade de Cultura Inglesa, e eu devo "não ser casado durante o curso".

Verifiquei aqui que a coisa não é tão rigorosa assim, dado que sou maior de 25 anos — e, depois de 25, qualquer estudante pode se casar, mesmo aqui em Oxford —, mas é para evitar que eles pensem que eu quebrei meu compromisso e que vou sustentá-la com o dinheiro do British Council. Ora, tal coisa não existe. Ela vem com o dinheiro dela e é com ele que ela vai viver.

Convidem ela um dia para qualquer coisa bem íntima (só vocês de casa) e bem alinhada. Mas nada de ir levá-la a bordo, ou esse gênero de coisas, pra não levantar suspeitas. Deem a maior liberdade a ela e não — sobretudo isso! — levantem hipóteses sobre a nossa vida aqui. Sejam camaradas e façam como se tudo estivesse perfeito. Como, aliás, está. É até bobagem minha estar pedindo isso tudo. Vocês sabem melhor do que eu como fazer. Eu quero é que vocês sejam amigos dela, porque ela é um amor.

Vou com ela e Tatá [*Octavio*] à Itália. Vai ser uma farra! Vamos nos divertir à grande e ela vai ser minha secretária privadíssima. Diga ao Helius para adorar ela, que ela merece, é uma das muito poucas pessoas que merecem que se adore. Diga a ele para levar ela a um cinema um dia. Ela está em casa de Caloca, mas, se não é pedir muito, preferiria que nenhum de vocês fosse lá por enquanto. Evitemos até a minha volta que isso seja motivo de conversa entre famílias.

Se você tiver uma oportunidade de ir a São Paulo algum dia, minha mãe, vá ver a velha Juca [*Azevedo de Mello*], na alameda Barão do Rio Branco, 394. Vá, mas vá sem caráter de visita de sogra ou esse gênero pau de coisas. Vá como se você fosse a um cinema. A velhinha é um amor, uma doçura.

Bem, me perdoem tantos conselhos. Repito, não é desconfiança, é só pra poupar a vocês o trabalho de adivinhar as pessoas e o modo de tratá-las. Com a família Mello — no fundo, gente grã-fina salva pela inteligência —, o golpe é a naturalidade. Mas uma naturalidade boa, generosa e, sobretudo, elegante. Não poupar na caixa para um almoço ou um chá, vocês compreendem? E Tati é igualzinha a mim mesmo, como pessoa. Malucona, uma alma de passarinho, esbanjada, só querendo viver pra frente. Ela tem uma coisa que eu não tenho. É o senso da elegância física. Eu não ligo pra estar muito bem-vestido. Ela está sempre alinhadíssima, mesmo em casa, na intimidade. Uma mulherzinha fabulosa.

Como vocês veem, estou sério e compenetrado no meu papel de esposo. Não mais farras, não mais mulheres. A última farra foi Paris, para desintoxicar o organismo de só ler livros. A vida tomou rumo.

Minha mãezinha, me deseje felicidades, e você também, meu pai. Foi duro que foi danado esse tempo todo sozinho, mas agora vai passar. Bem, vou fazer a barba e tomar banho, que está na hora.

Sinceramente, o vosso filho

Vinicius — Ah!, de Mello

PELA LUZ DOS OLHOS TEUS

Quando a luz dos olhos meus
E a luz dos olhos teus
Resolvem se encontrar
Ai, que bom que isso é, meu Deus
Que frio que me dá
O encontro desse olhar

Mas se a luz dos olhos teus
Resiste aos olhos meus
Só pra me provocar
Meu amor, juro por Deus
Me sinto incendiar

Meu amor, juro por Deus
Que a luz dos olhos meus
Já não pode esperar
Quero a luz dos olhos meus
Na luz dos olhos teus
Sem mais lararará

Pela luz dos olhos teus
Eu acho, meu amor
E só se pode achar
Que a luz dos olhos meus
Precisa se casar

A MULHER QUE PASSA

A PEDRO NAVA

Meu Deus, eu quero a mulher que passa.
Seu dorso frio é um campo de lírios
Tem sete cores nos seus cabelos
Sete esperanças na boca fresca!

Oh! como és linda, mulher que passas
Que me sacias e suplicias
Dentro das noites, dentro dos dias!

Teus sentimentos são poesia
Teus sofrimentos, melancolia.
Teus pelos leves são relva boa
Fresca e macia.
Teus belos braços são cisnes mansos
Longe das vozes da ventania.

Meu Deus, eu quero a mulher que passa!

Como te adoro, mulher que passas
Que vens e passas, que me sacias
Dentro das noites, dentro dos dias!
Por que me faltas, se te procuro?
Por que me odeias quando te juro
Que te perdia se me encontravas
E me encontrava se te perdias?

Por que não voltas, mulher que passas?
Por que não enches a minha vida?
Por que não voltas, mulher querida
Sempre perdida, nunca encontrada?

Por que não voltas à minha vida?
Para o que sofro não ser desgraça?

Meu Deus, eu quero a mulher que passa!
Eu quero-a agora, sem mais demora
A minha amada mulher que passa!

No santo nome do teu martírio
Do teu martírio que nunca cessa
Meu Deus, eu quero, quero depressa
A minha amada mulher que passa!

Que fica e passa, que pacifica
Que é tanto pura como devassa
Que boia leve como a cortiça
E tem raízes como a fumaça.

GAROTA DE IPANEMA

COM MÚSICA DE TOM JOBIM

Olha que coisa mais linda
Mais cheia de graça
É ela menina
Que vem e que passa
Num doce balanço
A caminho do mar

Moça do corpo dourado
Do sol de Ipanema
O seu balançado é mais que um poema
É a coisa mais linda que eu já vi passar

Ah, por que estou tão sozinho?
Ah, por que tudo é tão triste?
Ah, a beleza que existe
A beleza que não é só minha
Que também passa sozinha

Ah, se ela soubesse
Que quando ela passa
O mundo inteirinho se enche de graça
E fica mais lindo
Por causa do amor

A QUE VEM DE LONGE

A minha amada veio de leve
A minha amada veio de longe
A minha amada veio em silêncio
    Ninguém se iluda.

A minha amada veio da treva
Surgiu da noite qual dura estrela
Sempre que penso no seu martírio
    Morro de espanto.

A minha amada veio impassível
Os pés luzindo de luz macia
Os alvos braços em cruz abertos
    Alta e solene.

Ao ver-me posto, triste e vazio
Num passo rápido a mim chegou-se
E com singelo, doce ademane
    Roçou-me os lábios.

Deixei-me preso ao seu rosto grave
Preso ao seu riso no entanto ausente
Inconsciente de que chorava
    Sem dar-me conta.

Depois senti-lhe o tímido tato
Dos lentos dedos tocar-me o peito
E as unhas longas se me cravarem
    Profundamente.

Aprisionado num só meneio
Ela cobriu-me de seus cabelos
E os duros lábios no meu pescoço
     Pôs-se a sugar-me.

Muitas auroras transpareceram
Do meu crescente ficar exangue
Enquanto a amada suga-me o sangue
     Que é a luz da vida.

1951

MEDO DE AMAR

O céu está parado, não conta nenhum segredo
A estrada está parada, não leva a nenhum lugar
A areia do tempo escorre de entre meus dedos
  Ai que medo de amar!

O sol põe em relevo todas as coisas que não pensam
Entre elas e eu, que imenso abismo secular...
As pessoas passam, não ouvem os gritos do meu silêncio
  Ai que medo de amar!

Uma mulher me olha, em seu olhar há tanto enlevo
Tanta promessa de amor, tanto carinho para dar
Eu me ponho a soluçar por dentro, meu rosto está seco
  Ai que medo de amar!

Dão-me uma rosa, aspiro fundo em seu recesso
E parto a cantar canções, sou um patético jogral
Mas viver me dói tanto! e eu hesito, estremeço...
  Ai que medo de amar!

E assim me encontro: entro em crepúsculo, entardeço
Sou como a última sombra se estendendo sobre o mar
Ah, amor, meu tormento!... como por ti padeço...
  Ai que medo de amar!

PETRÓPOLIS, FEVEREIRO DE 1963

SONETO DA MULHER CASUAL

Por não seres aquela que eu buscava
Nem do meu ontem nada recordares
Por não haver, aquém e além dos mares
Alguém mais relva e seda, avena e lava;

Por o efêmero e o vão me revelares
Dos ídolos antigos que adorava
E por assim sem cânticos chegares
Quando de tudo eu já desesperava;

E por seres feliz e por quereres
A alguém que é feliz, até o resto
De mim, quando talvez nem mais viveres

Serás, inesperada e longe amiga
Presente em todo pensamento, gesto
E palavra de amor que tenha e diga.

CHORINHO PARA A AMIGA

Se fosses louca por mim, ah eu dava pantana, eu corria na praça, eu te chamava para ver o afogado. Se fosses louca por mim, eu nem sei, eu subia na pedra mais alta, altivo e parado, vendo o mundo pousado a meus pés. Oh, por que não me dizes, morena, que és louca varrida por mim? Eu te conto um segredo, te levo à boate, eu dou vodca pra você beber! Teu amor é tão grande, parece um luar, mas lhe falta a loucura do meu. Olhos doces os teus, com esse olhar de você, mas por que tão distante de mim? Lindos braços e um colo macio, mas por que tão ausentes dos meus? Ah, se fosses louca por mim, eu comprava pipoca, saía correndo, de repente me punha a cantar. Dançaria convosco, senhora, um bailado nervoso e sutil. Se fosses louca por mim, eu me batia em duelo sorrindo, caía a fundo num golpe mortal. Estudava contigo o mistério dos astros, a geometria dos pássaros, declamando poemas assim: "Se eu morresse amanhã... Se fosses louca por mim...". Se você fosse louca por mim, ô maninha, a gente ia ao mercado, ao nascer da manhã, ia ver o avião levantar. Tanta coisa eu fazia, ó delícia, se fosses louca por mim! Olha aqui, por exemplo, eu pegava e comprava um lindo *peignoir* pra você. Te tirava da fila, te abrigava em chinchila, dava até um gasô pra você. Diz por quê, meu anjinho, por que tu não és louca-louca por mim? Ai, meu Deus, como é triste viver nesta dura incerteza cruel! Perco a fome, não vou ao cinema, só de achar que não és louca por mim. (E no entanto direi num aparte que até gostas bastante de mim...) Mas não sei, eu queria sentir teu olhar fulgurar contra o meu. Mas não sei, eu queria te ver uma escrava morena de mim. Vamos ser, meu amor, vamos ser um do outro de um modo total? Vamos nós, meu carinho, viver num barraco, e um luar, um coqueiro e um violão? Vamos brincar no Carnaval, hein, neguinha, vamos andar atrás do batalhão? Vamos, amor, fazer miséria, espetar uma conta no bar? Você quer que eu provoque uma briga pra você torcer muito por mim? Vamos subir no elevador, hein, doçura, nós dois juntos subindo, que bom! Vamos entrar numa casa de pasto, beber pinga e cerveja e xingar? Vamos, neguinha, vamos na praia passear? Vamos ver o dirigível, que é o assombro nacional? Vamos, maninha, vamos, na rua do Tampico, onde o pai matou a filha, ô maninha, com a tampa do maçarico? Vamos, maninha, vamos morar em Jurujuba, andar de barco a vela, ô maninha, comer camarão graúdo? Vem cá, meu bem, vem cá, meu bem, vem cá, vem cá, vem cá, se não vens bem depressinha, meu bem, vou contar para o seu pai. Ah, minha flor, que linda, a embriaguez do amor, dá um frio pela espinha, prenda minha, e em seguida dá calor. És tão linda, menina, se te chamasses Marina, eu te levava no banho de mar. És tão doce, beleza, se te chamasses Teresa, eu teria certeza, meu bem. Mas não tenho certeza de nada, ó desgraça, ó ruína, ó Tupá! Tu sabias que em ti tem taiti, linda ilha do amor e do adeus? tem mandinga, tem mascate, pão de açúcar com café, tem *chimborazo, kamchatka, tabor, popocatepetl*? tem juras, tem jetaturas e até danúbios azuis, tem igapós, jamundás, içás, tapajós, purus! — tens, tens, tens, ah se tens! tens, tens, tens, ah se tens! Meu amor, meu amor, meu amor, que carinho tão bom por você, quantos beijos alados fugindo, quanto sangue no meu coração! Ah, se fosses louca por mim, eu me estirava na areia, ficava mirando as estrelas. Se fosses louca por mim, eu saía correndo de súbito, entre o pasmo da turba inconsútil. Eu dizia: Ai de mim! eu dizia: *Woe is me!* eu dizia: *hélas!* pra você... Tanta coisa eu diria, que não há poesia de longe capaz de exprimir. Eu inventava linguagem, só falando bobagem, só fazia bobagem, meu bem. Ó fatal pentagrama, ó lomas valentinas, ó tetrarca, ó sevícia, ó letargo! Mas não há nada a fazer, meu destino é sofrer: e seria tão bom não sofrer. Porque toda a alegria tua e minha seria, se você fosse louca por mim. Mas você não é louca por mim... Mas você não é louca por mim... Mas você não é louca por mim...

JULHO DE 1944

NA ESPERANÇA DE TEUS OLHOS

Eu ouvi no meu silêncio o prenúncio de teus passos
Penetrando lentamente as solidões da minha espera
E tu eras, Coisa Linda, me chegando dos espaços
Como a vinda impressentida de uma nova primavera.
Vinhas cheia de alegria, coroada de guirlandas
Com sorrisos onde havia burburinhos de água clara
Cada gesto que fazias semeava uma esperança
E existiam mil estrelas nos olhares que me davas.
Ai de mim, eu pus-me a amar-te, pus-me a amar-te mais ainda
Porque a vida no meu peito se fizera num deserto
E tu apenas me sorrias, me sorrias, Coisa Linda
Como a fonte inacessível que de súbito está perto.
Pelas rútilas ameias do teu riso entreaberto
Fui subindo, fui subindo no desejo de teus olhos
E o que vi era tão lindo, tão alegre, tão desperto
Que do alburno do meu tronco despontaram folhas novas.
Eu te juro, Coisa Linda: vi nascer a madrugada
Entre os bordos delicados de tuas pálpebras meninas
E perdi-me em plena noite, luminosa e espiralada
Ao cair no negro vórtice letal de tuas retinas.
E é por isso que eu te peço: resta um pouco em minha vida
Que meus deuses estão mortos, minhas musas estão findas
E de ti eu só quisera fosses minha primavera
E só espero, Coisa Linda, dar-te muitas coisas lindas…

RIO, 1966

O AMOR DOS HOMENS

Na árvore em frente
Eu terei mandado instalar um alto-falante com que os
                                    [passarinhos
Amplifiquem seus alegres cantos para o teu lânguido
                                    [despertar.
Acordarás feliz sob o lençol de linho antigo
Com um raio de sol a brincar no talvegue de teus seios
E me darás a boca em flor; minhas mãos amantes
Te buscarão longamente e tu virás de longe, amiga
Do fundo do teu ser de sono e plumas
Para me receber; nossa fruição
Será serena e tarda, repousarei em ti
Como o homem sobre o seu túmulo, pois nada
Haverá fora de nós. Nosso amor será simples e sem tempo.
Depois saudaremos a claridade. Tu dirás
Bom-dia ao teto que nos abriga
E ao espelho que recolhe a tua rápida nudez.
Em seguida teremos fome: haverá chá-da-índia
Para matar a nossa sede e mel
Para adoçar o nosso pão. Satisfeitos, ficaremos
Como dois irmãos que se amam além do sangue
E fumaremos juntos o nosso primeiro cigarro matutino.
Só então nos separaremos. Tu me perguntarás
E eu te responderei, a olhar com ternura as minhas pernas
Que o amor pacificou, lembrando-me que elas andaram
                                    [muitas léguas de mulher
Até te descobrir. Pensarei que tu és a flor extrema
Dessa desesperada minha busca; que em ti
Fez-se a unidade. De repente, ficarei triste
E solitário como um homem, vagamente atento

Aos ruídos longínquos da cidade, enquanto te atarefas
[absurda
No teu cotidiano, perdida, ah tão perdida
De mim. Sentirei alguma coisa que se fecha no meu peito
Como pesada porta. Terei ciúme
Da luz que te configura e de ti mesma
Que te deixas viver, quando deveras
Seguir comigo como a jovem árvore na corrente de um rio
Em demanda do abismo. Vem-me a angústia
Do limite que nos antagoniza. Vejo a redoma de ar
Que te circunda — o espaço
Que separa os nossos tempos. Tua forma
É outra: bela demais, talvez, para poder
Ser totalmente minha. Tua respiração
Obedece a um ritmo diverso. Tu és mulher.
Tu tens seios, lágrimas e pétalas. À tua volta
O ar se faz aroma. Fora de mim
És pura imagem; em mim
És como um pássaro que eu subjugo, como um pão
Que eu mastigo, como uma secreta fonte entreaberta
Em que bebo, como um resto de nuvem
Sobre que me repouso. Mas nada
Consegue arrancar-te à tua obstinação
Em ser, fora de mim — e eu sofro, amada
De não me seres mais. Mas tudo é nada.
Olho de súbito tua face, onde há gravada
Toda a história da vida, teu corpo
Rompendo em flores, teu ventre
Fértil. Move-te
Uma infinita paciência. Na concha do teu sexo
Estou eu, meus poemas, minhas dores
Minhas ressurreições. Teus seios
São cântaros de leite com que matas
A fome universal. És mulher
Como folha, como flor e como fruto
E eu sou apenas só. Escravizado em ti

Despeço-me de mim, sigo caminhando à tua grande
Pequenina sombra. Vou ver-te tomar banho
Lavar de ti o que restou do nosso amor
Enquanto busco em minha mente algo que te dizer
De estupefaciente. Mas tudo é nada.
São teus gestos que falam, a contração
Dos lábios de maneira a esticar melhor a pele
Para passar o creme, a boca
Levemente entreaberta com que mistificar melhor a eterna
[imagem
No eterno espelho. E então, desesperado
Parto de ti, sou caçador de tigres em Bengala
Alpinista no Tibet, monge em Sintra, espeleólogo
Na Patagônia. Passo três meses
Numa jangada em pleno oceano para
Provar a origem polinésica dos maias. Alimento-me
De plancto, converso com as gaivotas, deito ao mar poesia
[engarrafada, acabo
Naufragando nas costas de Antofagasta. *Time*, *Life*
[e *Paris Match*
Dedicam-me enormes reportagens. Fazem-me
O Homem do Ano e candidato certo ao prêmio Nobel.
Mas eis comes um pêssego. Teu lábio
Inferior dobra-se sob a polpa, o suco
Escorre pelo teu queixo, cai uma gota no teu seio
E tu te ris. Teu riso
Desagrega os átomos. O espelho pulveriza-se, funde-se
[o cano de descarga
Quantidades insuspeitadas de estrôncio-90
Acumulam-se nas camadas superiores do banheiro
Só os genes de meus tataranetos poderão dar prova cabal
[de tua imensa
Radioatividade. Tu te ris, amiga
E me beijas sabendo a pêssego. E eu te amo
De morrer. Interiormente
Procuro afastar meus receios: "Não, ela me ama…"

Digo-me, para me convencer, enquanto sinto
Teus seios despontarem em minhas mãos
E se crisparem tuas nádegas. Queres ficar grávida
Imediatamente. Há em ti um desejo súbito de alcachofras.
                                    [Desejarias
Fazer o parto sem dor à luz da teoria dos reflexos
                          [condicionados
De Pavlov. Depois, sorrindo
Silencias. Odeio o teu silêncio
Que não me pertence, que não é
De ninguém: teu silêncio
Povoado de memórias. Esbofeteio-te
E vou correndo cortar o pulso com gilete azul; meu sangue
Flui como um pedido de perdão. Abres tua caixa de costura
E coses com linha amarela o meu pulso abandonado,
                                    [que é para
Combinar bem as cores; em seguida
Fazes-me sugar tua carótida, numa longa, lenta
Transfusão. Eu convalescente
Começas a sair: foste ao cabeleireiro. Perscruto em tua
                                    [face. Sinto-me
Traído, deliquescente, em ponto de lágrimas. Mas te
                                    [aproximas
Só com o casaco do pijama e pousas
Minha mão na tua perna. E então eu canto:
Tu és a mulher amada: destrói-me! Tua beleza
Corrói minha carne como um ácido! Teu signo
É o da destruição! Nada resta
Depois de ti senão ruínas! Tu és o sentimento
De todo o meu inútil, a causa
De minha intolerável permanência! Tu és
Uma contrafação da aurora! Amor, amada
Abençoada sejas: tu e a tua
Impassibilidade. Abençoada sejas
Tu que crias a vertigem na calma, a calma
No seio da paixão. Bendita sejas

Tu que deixas o homem nu diante de si mesmo, que
[arrasas
Os alicerces do cotidiano. Mágica é tua face
Dentro da grande treva da existência. Sim, mágica
É a face da que não quer senão o abismo
Do ser amado. Exista ela para desmentir
A falsa mulher, a que se veste de inúteis panos
E inúteis danos. Possa ela, cada dia
Renovar o tempo, transformar
Uma hora num minuto. Seja ela
A que nega toda a vaidade, a que constrói
Todo o silêncio. Caminhe ela
Lado a lado do homem em sua antiga, solitária marcha
Para o desconhecido — esse eterno par
Com que começa e finda o mundo — ela que agora
Longe de mim, perto de mim, vivendo
Da constante presença da minha saudade
É mais do que nunca a minha amada: a minha amada
[e a minha amiga
A que me cobre de óleos santos e é portadora dos meus
[cantos
A minha amiga nunca superável
A minha inseparável inimiga.

PARIS, JULHO DE 1957

AMOR EM PAZ

COM MÚSICA DE TOM JOBIM

Eu amei
Eu amei, ai de mim, muito mais
Do que devia amar
E chorei
Ao sentir que iria sofrer
E me desesperar

Foi então
Que da minha infinita tristeza
Aconteceu você
Encontrei em você a razão de viver
E de amar em paz
E não sofrer mais

Nunca mais
Porque o amor é a coisa mais triste
Quando se desfaz

PARA VIVER UM GRANDE AMOR

Para viver um grande amor, preciso é muita concentração e muito siso, muita seriedade e pouco riso — para viver um grande amor.

Para viver um grande amor, mister é ser um homem de uma só mulher; pois ser de muitas, poxa! é de colher... — não tem nenhum valor.

Para viver um grande amor, primeiro é preciso sagrar-se cavalheiro e ser de sua dama por inteiro — seja lá como for. Há que fazer do corpo uma morada onde clausure-se a mulher amada e postar-se de fora com uma espada — para viver um grande amor.

Para viver um grande amor, vos digo, é preciso atenção com o "velho amigo", que porque é só vos quer sempre consigo para iludir o grande amor. É preciso muitíssimo cuidado com quem quer que não esteja apaixonado, pois quem não está, está sempre preparado pra chatear o grande amor.

Para viver um grande amor, na realidade, há que compenetrar-se da verdade de que não existe amor sem fieldade — para viver um grande amor. Pois quem trai seu amor por vanidade é um desconhecedor da liberdade, dessa imensa, indizível liberdade que traz um só amor.

Para viver um grande amor, *il faut*, além de fiel, ser bem conhecedor de arte culinária e de judô — para viver um grande amor.

Para viver um grande amor perfeito, não basta ser apenas bom sujeito; é preciso também ter muito peito — peito de remador. É preciso olhar sempre a bem-amada como a sua primeira namorada e sua viúva também, amortalhada no seu finado amor.

É muito necessário ter em vista um crédito de rosas no florista — muito mais, muito mais que na modista! — para aprazer ao grande amor. Pois do que o grande amor quer saber mesmo, é de amor, é de amor, de amor a esmo; depois, um tutuzinho com torresmo conta ponto a favor...

Conta ponto saber fazer coisinhas: ovos mexidos, camarões, sopinhas, molhos, estrogonofes — comidinhas para depois do amor. E o que há de melhor que ir pra cozinha e preparar com amor uma galinha com uma rica e gostosa farofinha, para o seu grande amor?

Para viver um grande amor é muito, muito importante viver sempre junto e até ser, se possível, um só defunto — pra não morrer de dor. É preciso um cuidado permanente não só com o corpo mas também com a mente, pois qualquer "baixo" seu, a amada sente — e esfria um pouco o amor. Há que ser bem cortês sem cortesia; doce e conciliador sem covardia; saber ganhar dinheiro com poesia — para viver um grande amor.

É preciso saber tomar uísque (com o mau bebedor nunca se arrisque!) e ser impermeável ao diz que diz que — que não quer nada com o amor.

Mas tudo isso não adianta nada, se nesta selva oscura e desvairada não se souber achar a bem-amada — para viver um grande amor.

O GRANDE AMOR

COM MÚSICA DE TOM JOBIM

Haja o que houver
Há sempre um homem para uma mulher
E há de sempre haver
Para esquecer um falso amor
E uma vontade de morrer

Seja como for
Há de vencer o grande amor
Que há de ser no coração
Como um perdão pra quem chorou

UMA VIOLA-DE-AMOR

Deem ao homem uma viola-de-amor e façam-no cantar um canto assim... "Sairei de mim mesmo e irei ao encontro das flores humildes dos caminhos e das lentas aves dos crepúsculos, cujo pipilo suspende na paisagem uma lágrima que nunca se derrama. Sairei de mim mesmo em busca de mim mesmo, em busca de minha imagem perdida nos abismos do desespero, minha imagem de cuja face já não me lembro mais...

"Sairei de mim mesmo em busca das melodias esquecidas na memória, em busca dos instantes de total abandono e beleza, em busca dos milagres ainda não acontecidos...

"Que eu seja novamente aquele que ergue do chão o pássaro ferido e, no calor de sua mão, dá-lhe de morrer em paz; aquele que, em sua eterna peregrinação em busca da vida, ajuda o camponês a consertar a roda do seu carro...

"Que me seja dado, em minhas andanças, restituir a cada ser humano o consolo de chorar dias de lágrimas; e depois levá-lo lá onde existe a luz e chorar eu próprio ante a beleza do seu pranto ao sol...

"Possa eu mirar novamente os pélagos e compreendê-los; atravessar os desertos e amá-los. Possa eu deitar-me à noite na areia das praias e manter com as estrelas em delírio o colóquio da eternidade. Possa eu voltar a ser aquele que não teme ficar só consigo mesmo, numa dura solidão sem deliquescência...

"Bem haja o meu irmão no meu caminho, com as suas úlceras à mostra, que a ele eu hei de curar e dar abrigo no meu peito. Bem haja no meu caminho a dor do meu semelhante, que a ela estarei desvelado e atento...

"Seja a mulher a mãe, a esposa, a amante, a filha, a bem-amada do meu coração; possa eu amá-la e respeitá--la, dar-lhe filhos e silêncios. Possa eu coroá-la de folhas da primavera em seu nascimento, seu conúbio e sua morte. Tenha eu no meu pensamento a ideia constante de querê-la e lhe prestar serviço...

"Que o meu rosto reflita nos espelhos um olhar doce e tranquilo, mesmo no mais fundo sofrimento; e que eu não me esqueça nunca de que devo estar constantemente em guarda de mim mesmo, para que sejam humanos e dignos o meu orgulho e a minha humildade, e para que eu cresça sempre no sentido de Tempo...

"Pois o meu coração está antes de tudo com os que têm menos do que eu, e com os que, tendo mais do que eu, nada têm. Pois o meu coração está com a ovelha e não com o lobo; com o condenado e não com o carrasco...

"E que este seja o meu canto e o escutem os surdos de carinho e de piedade; e que ele vibre com um sino nos ouvidos dos falsos apóstolos e dos falsos apóstatas; pois eu sou o homem, ser de poesia, portador do segredo e sua incomunicabilidade — e o meu largo canto vibra acima dos ódios e ressentimentos, das intrigas e vinganças, nos espaços infinitos..."

Deem ao homem uma viola-de-amor e façam-no cantar um canto assim, que sua voz está rouca de tanto insulto inútil e seu coração triste de tanta vã mentira que lhe ensinaram.

NAMORADOS NO MIRANTE*

Eles eram mais antigos que o silêncio
A perscrutar-se intimamente os sonhos
Tal como duas súbitas estátuas
Em que apenas o olhar restasse humano.
Qualquer toque, por certo, desfaria
Os seus corpos sem tempo em pura cinza.
Remontavam às origens — a realidade
Neles se fez, de substância, imagem.
Dela a face era fria, a que o desejo
Como um íctus, houvesse adormecido
Dele apenas restava o eterno grito
Da espécie — tudo mais tinha morrido.
Caíam lentamente na voragem
Como duas estrelas que gravitam
Juntas para, depois, num grande abraço
Rolarem pelo espaço e se perderem
Transformadas no magma incandescente
Que milênios mais tarde explode em amor
E da matéria reproduz o tempo
Nas galáxias da vida no infinito.

Eles eram mais antigos que o silêncio...

RIO, 1960

* Feito para uma fotografia de Luís Carlos Barreto. [Nota de v.m.]

O PESCOÇO DE ROSALIND

A minha implicância com Rosalind Russell não é, como muita gente pensa, uma coisa gratuita. Tenho dúzias de razões para não simpatizar com a insossa atriz de *Adeus, meu amor*. Primeiro, porque ela é fiteira demais, e eu não gosto de mulher fiteira. Aliás, não é bem isso: eu não me importo absolutamente com um certo gênero de fita que mulher faz, e que eu acho muito engraçadinho, como, por exemplo: ficar com um ar de sofisticada ausência quando, numa roda, a gente não lhe está dando a devida atenção; ou então entrar em longas explicações do próprio temperamento nas ocasiões menos oportunas. Quando procedeis assim, mulheres, ficais às vezes verdadeiros amores. Mas a fita de Rosalind Russell é diferente. Sente--se que a criatura não é de todo desprovida de graça, nem de espírito. Mas o impulso para brilhar é nela uma coisa tão irresistível que, forçando-se por isso mesmo e muito de indústria a uma naturalidade que lhe é artifício, ela assume um ar melancólico de bicho antediluviano, transformando-se num dos "pescoços mais fracos" de Hollywood. Quero me explicar sobre esse sutil assunto de "pescoço fraco". A descoberta é de Aníbal Machado, e foi aperfeiçoada e completada por Pedro Nava. Hoje possui, para todo um grupo de escritores do Rio, foros de índice caracterológico. Viajante lírico de ônibus, observou o grande contista sabarense que o espetáculo humano que se antepunha, quando sentado nos últimos bancos do seu Ipanema-Castelo, desfigurava-se frequentemente com a intromissão miserável de alguma cabeça mal segura nos ombros por um "pescoço fraco". A sensação de miséria orgânica era irremediável. Tendões tristemente à mostra numa nuca de saboneteira: um prognatismo auricular violento, que fazia ressaltar inutilmente orelhas estúpidas; uma certa folga do pescoço dentro do colarinho, dando à infeliz cabeça uma paternice dinossáurica; tudo isso ajudou a trazer ao nervoso prosador de "A morte da porta-estandarte" a forma de um novo sistema de caracterização psicológica. Em breve o "pescoço fraco" era sensível não apenas fisicamente, mas também no plano moral. Sujeitos de pescoço forte podiam estar, eventualmente, de "pescoço fraco", por que razões sentimentais só Deus sabe.

O AMOR POR ENTRE O VERDE

Não é sem frequência que, à tarde, chegando à janela, eu vejo um casalzinho de brotos que vem namorar sobre a pequenina ponte de balaustrada branca que há no parque. Ela é uma menina de uns treze anos, o corpo elástico metido nuns blue jeans e num suéter folgadão, os cabelos puxados para trás num rabinho de cavalo que está sempre a balançar para todos os lados; ele, um garoto de, no máximo, dezesseis, esguio, com pastas de cabelo a lhe tombar sobre a testa e um ar de quem descobriu a fórmula da vida. Uma coisa eu lhes asseguro: eles são lindos, e ficam montados, um em frente ao outro, no corrimão da colunata, os joelhos a se tocarem, os rostos a se buscarem a todo momento para pequenos segredos, pequenos carinhos, pequenos beijos. São, na sua extrema juventude, a coisa mais antiga que há no parque, incluindo velhas árvores que por ali espapaçam sua verde sombra; e as momices e brincadeiras que se fazem dariam para escrever todo um tratado sobre a arqueologia do amor, pois têm uma tal ancestralidade que nunca se há de saber a quantos milênios remontam.

Eu os observo por um minuto apenas para não perturbar-lhes os jogos de mão e misteriosos brinquedos mímicos com que se entretêm, pois suspeito de que sabem de tudo o que se passa à sua volta. Às vezes, para descansar da posição, encaixam-se os pescoços e repousam os rostos um sobre o ombro do outro, como dois cavalinhos carinhosos, e eu vejo então os olhos da menina percorrerem vagarosamente as coisas em torno, numa aceitação dos homens, das coisas e da natureza, enquanto os do rapaz mantêm-se fixos, como a perscrutar desígnios. Depois voltam à posição inicial e se olham nos olhos, e ela afasta com a mão os cabelos de sobre a fronte do namorado, para vê-lo melhor, e sente-se que eles se amam e dão suspiros de cortar o coração. De repente o menino parte para uma brutalidade qualquer, torce-lhe o pulso até ela dizer-lhe o que ele quer ouvir, e ela agarra-o pelos cabelos, e termina tudo, quando não há passantes, num longo e meticuloso beijo.

Que será, pergunto-me eu em vão, dessas duas crianças que tão cedo começam a praticar os ritos do amor? Prosseguirão se amando, ou de súbito, na sua jovem incontinência, procurarão o contato de outras bocas, de outras mãos, de outros ombros? Quem sabe se amanhã, quando eu chegar à janela, não verei um rapazinho moreno em lugar do louro ou uma menina com a cabeleira solta em lugar dessa com os cabelos presos?

E se prosseguirem se amando, pergunto-me novamente em vão, será que um dia se casarão e serão felizes? Quando, satisfeita a sua jovem sexualidade, se olharem nos olhos, será que correrão um para o outro e se darão um grande abraço de ternura? Ou será que se desviarão o olhar, para pensar cada um consigo mesmo que ele não era exatamente aquilo que ela pensava e ela era menos bonita ou inteligente do que ele a tinha imaginado?

É um tal milagre encontrar, nesse infinito labirinto de desenganos amorosos, o ser verdadeiramente amado... Esqueço o casalzinho no parque para perder-me por um momento na observação triste, mas fria, desse estranho baile de desencontros, em que frequentemente aquela que devia ser daquele acaba por bailar com outro porque o esperado nunca chega; e este, no entanto, passou por ela sem que ela o soubesse, suas mãos sem querer se tocaram, eles olharam-se nos olhos por um instante e não se reconheceram.

E é então que esqueço de tudo e vou olhar nos olhos de minha bem-amada como se nunca a tivesse visto antes. É ela, Deus do céu, é ela! Como a encontrei, não sei.

Como chegou até aqui, não vi. Mas é ela, eu sei que é ela porque há um rastro de luz quando ela passa; e quando ela me abre os braços eu me crucifico neles banhado em lágrimas de ternura; e sei que mataria friamente quem quer que lhe causasse dano; e gostaria que morrêssemos juntos e fôssemos enterrados de mãos dadas, e nossos olhos indecomponíveis ficassem para sempre abertos mirando muito além das estrelas.

A MULHER QUE NÃO SABIA AMAR

Aí vai a história de uma moça (Ginger Rogers) que não sabia amar (Warner Baxter, Ray Milland e Jon Hall, este último um que apanhou uma surra recentemente do chefe de orquestra Tommy Dorsey), e que além disso não acreditava em Freud. A experiência, em tecnicolor, prova-lhe que Freud é que tinha razão, através dos testes de um psiquiatra que debulha a alma da moça e vai buscar em sua infância a origem de todos os seus complexos de abstenção: um amor exagerado ao pai, uma admiração por uma linda mãe vaidosa que não ligava muito para ela, um vestido azul que mais tarde sai dançando, uma canção de meninice. Todos esses complexos fizeram da moça um diretor de revista de modas, não uma diretora, um verdadeiro diretor, com maneiras masculinas, eficiência masculina, mania de mando e um grande aborrecimento, no fundo, daquilo tudo. De modo que a moça sonha muito com tudo o que não é. Tem umas espécies de alucinações, de um grande mau gosto, aliás, em que aparecem colunas iluminadas, flores que põem fumaça por entre as pétalas, casamentos estrambóticos, ânsias freudianas de arrebatamento até as nuvens, danças lúdicas, o diabo a quatro. Depois de cada um desses sonhos a moça vai ver o psiquiatra, que a põe a falar e vai colhendo impressões. O resultado é o seguinte: um filme meio enredo, meio comédia musicada (os sonhos fornecem essa parte) e uma constatação positiva: Ginger Rogers estava, com perdão da palavra, precisando de homem. Dos três que a circundavam, um era Warner Baxter; e o leitor compreende perfeitamente que Warner Baxter não é páreo para Ginger Rogers, noivo já meio velho, além de tudo com uma mulher de quem ele precisa se divorciar para casar com Ginger Rogers... tudo isso vai gastando a menina sentimentalmente. O outro era Jon Hall, que faz um artista de cinema adorado por tudo quanto é mulher, mas no fundo estava querendo mesmo era pegar Ginger Rogers para ela tomar conta dos negócios dele, o tipo do macho de abelha. O terceiro que foi aquele a quem Ginger deu a mão, Ray Milland, empregado dela na tal magazine, e que implicava terrivelmente com ela por causa do jeitão masculino que tinha, e que não se podia submeter a ser mandado por aquela uva, queria mandar nela, e muito. Tudo isso com muita sofisticação hollywood-freudiana, muita fumacinha no chão durante os sonhos, muita cor parecida com cor de bala de chupar, Ginger afinal compreende que o homem para ela era mesmo Ray Milland, e tudo acaba num invejável beijo dado por este, naquela.

Muito bem. Mitchell Leisen dirige, Nunnally Johnson cenariza.* Há um sonho em que aparece um circo fantástico que é a melhor coisa da fita. Há naquilo um senso de cor e uma movimentação que dá, de fato, certa margem à imaginação. Há sobretudo Ginger, que canta um blues razoável sobre a moça que não podia *make up her mind*. Não deixem de, neste trecho, reparar-lhe nas pernas, que são das mais perfeitas que já apareceram. É pena que a carinha de Ginger já esteja dando os primeiros sinais de tempo vivido. Quem sabe seria interessante virá-la de cabeça para baixo, de ora em diante, cada vez que ela tenha que mostrar a cara. Porque, se como Manuel Bandeira já disse, uma cara pode parecer com uma perna, nesse caso Ginger poderia perfeitamente ter as pernas na cara. Ou será que eu estou dizendo alguma tolice?

1945

---

* Engano de Vinicius. *Lady in the Dark* (1944) teve roteiro de Frances Goodrich e Albert Hackett, baseado na peça de Moss Hart, com música de Kurt Weill e letras de Ira Gershwin. [Nota de *O cinema de meus olhos*, de Vinicius de Moraes, organizado por Carlos Augusto Calil. Companhia das Letras, 2015.]

VALSINHA

EM PARCERIA COM CHICO BUARQUE

Um dia ele chegou tão diferente do seu jeito de sempre
[chegar
Olhou-a dum jeito muito mais quente do que sempre
[costumava olhar
E não maldisse a vida tanto quanto era seu jeito de
[sempre falar
E nem deixou-a só num canto, pra seu grande espanto
[convidou-a pra rodar

Então ela se fez bonita como há muito tempo não queria
[ousar
Com seu vestido decotado cheirando a guardado de
[tanto esperar
Depois os dois deram-se os braços como há muito
[tempo não se usava dar
E cheios de ternura e graça foram para a praça
[e começaram a se abraçar
E ali dançaram tanta dança que a vizinhança toda
[despertou
E foi tanta felicidade que toda a cidade enfim se
[iluminou
E foram tantos beijos loucos
Tantos gritos roucos como não se ouvia mais
Que o mundo compreendeu
E o dia amanheceu
Em paz

PARA TRÊS JOVENS CASAIS

A MARCUS ANÍBAL MACHADO MORAES,
JOSÉ JOAQUIM DE SALES
E CLEMENTINO FRAGA NETO

The world was all before them, where to chose.
Their place of rest, and Providence their guide.
They, hand in hand, with wand' ring steps and slow.
Through Eden took their solitary way.

Assim John Milton, o maior poeta inglês do seu século, ditou das trevas de sua cegueira os últimos versos desse incomparável monumento de poesia que é "Paraíso perdido", e de cuja transcendental beleza não há tradução possível, por isso que constituem, em sua tristeza intrínseca, uma prodigiosa síntese de toda a Criação: o primeiro casal, que é o eterno par, partindo para o mundo cheio de amor e perplexidade, as mãos unidas e os passos incertos a afastá-los cada vez mais do Paraíso conspurcado pela fatalidade do sexo, de onde se criam a vida e a morte.

Impossível nada mais belo. Um dia dois olhos se encontram e deles, subitamente, irrompe uma chama imponderável. Nas veias o sangue começa a circular mais forte, e o coração parece pulsar na garganta. A voz fica trêmula, os joelhos se afrouxam, a pessoa não sabe o que fazer das próprias mãos. Ele se fosse um beija-flor, entraria a bater asas freneticamente, num vertiginoso *ballet* diante da pequenina fêmea expectante, para maravilhá-la com a vivacidade do seu colorido. Ela deixa-se num divino recato, mas já consciente, em sua perturbação, que vai ser dele.

É o amor que nasce como uma fonte subterrânea a romper, em seu movimento para a luz, a última resistência de terra, e se põe a jorrar ao sol, em toda inocência e claridade. Que milagre determinou o seu surgimento naquele justo instante? Por que a outra pessoa, até então desconhecida, ou apenas conhecida, passa a ter toda a importância do mundo, a tal ponto que por ela se seria capaz de morrer ou de matar? Por que passa o corpo a ser como um cofre inviolável, só vulnerável ao toque das mãos amadas, e a ideia de infidelidade a última das baixezas?

A posse total do ser amado torna-se como uma obsessão: possuí-lo em sua carne e seu espírito; unir-se a ele numa transubstanciação tão perfeita que um passe a ser o outro em pensamentos, palavras e obras: tal é o comando do amor. E uma vez possuído, aninhá-lo num cantinho, a coberto da ferocidade da vida e da natureza, e da maldade dos homens — e postar-se de fora vigilante como um arcanjo, o gládio em punho, para que nenhuma ofensa lhe seja imposta, nenhum dano lhe sobrevenha.

Um ninho... Que beleza! A *place of rest*, como diz o poeta, de onde se possa sair para lutar pela sua subsistência, e para o qual se possa voltar com um livro, um doce, uma rosa para cativá-lo... E a grande viagem se inicia para vida, e ai de nós, para a morte. A fonte nascida procura o seu curso entre as pedras, em busca de um leito mais ameno, um talvegue mais brando, sem a memória anterior das estreitas gargantas e corredeiras perigosas que surpreendem o jovem rio e o impelem quem sabe para a vertigem das altas quedas, quem sabe para os vales pacíficos onde nada acontece, quem sabe para que feliz ou trágico destino... *Mão na mão, com vagarosos passos erradios, através do Éden eles iniciam seu caminho solitário*. Ei-lo que parte, o eterno casal amoroso, unido numa imagem ainda sem sombra, e de tal modo imerso em sua solidão que é como se só ele existisse no mundo.

São dois pobres. Não importa em que berço tenham nascido, se de ouro ou se de palha, são dois pobres, porque o tudo ou o nada que um tenha quer dar ao outro. A necessidade é encontrar um abrigo, não importa quão pequenino, onde haja uma mesa, duas cadeiras e uma cama, rústicas que sejam, pois o mais divertido, justamente, é pintar: comprar um pincel e uma lata de tinta e sair pintando tudo de branco e azul, que são as cores do amor; e ficar bem sujo de cal, e interromper a cada instante o trabalho com beijos intermináveis, e ir tomar banho e amar-se muito, e depois ter fome, e ela atarefar-se com frigideiras e panelas, enquanto ele põe um disco na vitrola e passa os olhos nas manchetes, pouco se danando para guerras e cosmonautas, e com toda razão, de vez que está inaugurando o mundo. E alta madrugada, os corpos exaustos de amor, começar o dueto das almas, uma buscando possuir a outra, em infindável justa singular que só se dará tréguas no final dos tempos.

O eterno par... Onde quer que estejam, estão sós, protegidos pela redoma do seu amor. Juntam-se os jovens rostos sorridentes para se sussurrar doces absurdos, para cantar cantigas lembradas, ou se põem sérios para fazer contas de chegar, no dever e haver conjugal, em permanente imantação. Ela sai a compras, encontra as amiguinhas de colégio que olham com maliciosa inveja sua felicidade transparente, o brilho de seus cabelos e seus olhos, a frescura de sua pele de mulher — porque agora ela é mulher — bem-amada e possuída. Tudo amor.

Sim, meus jovens amigos, tudo ao amor!

RIO, 3-4.8.1969

COM SUA PERMISSÃO,
SIR LAURENCE OLIVIER...

Com sua permissão, Sir Laurence Olivier, mas sábado eu dei uma entrada no Metro Copacabana, à base do araque, para rever *A ponte de Waterloo*. Tinha visto o filme havia muito tempo, meu caro Sir, e não sei por quê — ah, eu creio que com os anos aprendi a ver melhor a beleza das mulheres! —, não cheguei, então, a dar à sua nobre cônjuge a metade da atenção que ela merece.

Não se zangue, não. Estou lhe falando de coração aberto. Mas eu achei Lady Laurence Olivier uma coisa absolutamente estupefaciente. Confesso-lhe que, dela, a grande e profunda beleza não me encantou apenas os olhos — comoveu-me o coração e meio que me deixou triste. A beleza das mulheres quando é assim sublime, e se acresce de encanto, é de cortar o peito de um homem.

Desculpe a confiança, mas, se eu fosse o senhor, largava esse negócio de Sir, largava também esse negócio de ser de cinema e teatro (com mil perdões pelo trocadilho) e ficava em casa o tempo todo prostrado, adorando sua senhora. De novo lhe peço que não me leve a mal, pois não há em mim nem sombra de segundas intenções, mas, se eu fosse o senhor, não punha uma mulher daquelas para trabalhar. Não vê! Cada vez que ela me desse um sorriso infantil daqueles, um sorriso confiante e doce daqueles; cada vez que ela pusesse nos meus aqueles olhos enormes, aqueles enormes olhos inocentes, eternamente molhados de pureza e sóbrio conhecimento — eu... eu... eu... eu sei lá o que é que eu fazia. Eu dava pantana; eu entrava no Bolero e dançava um tango argentino com a primeira vigarista que me passasse; eu fazia três *entrechats* e quinze *pas-de-bourrée* em plena praia de Copacabana; eu ia a Caxias, andava de trem da Central, era capaz de suplantar o Ademir, fazia misérias, Sir Laurence Olivier, fazia misérias.

Aliás, quem sou eu para estar falando... Eu acredito piamente, Sir Laurence, que o senhor faça misérias. Porque eu, que não sou Sir nem nada — ah, eu faço. Também, hein, Sir Laurence... Ô peste de coisa danada de bonita que é mulher, hein, Sir Laurence...

1952

SONETO DO CORIFEU

São demais os perigos desta vida
Para quem tem paixão, principalmente
Quando uma lua surge de repente
E se deixa no céu, como esquecida.

E se ao luar que atua desvairado
Vem se unir uma música qualquer
Aí então é preciso ter cuidado
Porque deve andar perto uma mulher.

Deve andar perto uma mulher que é feita
De música, luar e sentimento
E que a vida não quer, de tão perfeita.

Uma mulher que é como a própria Lua:
Tão linda que só espalha sofrimento
Tão cheia de pudor que vive nua.

RIO, 1956

A MULHER DO DIA

Sob a direção de George Stevens, coadjuvado por aquela bela equipe de nomes eternamente os mesmos: N. Shearer, Adrian etc. etc., a Metro apresenta uma nova produção desta semana: *A mulher do dia*. Muita sofisticação. Trata-se de uma mulher moderna. Katharine Hepburn, correspondente de um grande jornal de Nova York, que, pelas suas altas qualidades de jornalista aerodinâmica, consegue tornar-se uma espécie de Mme. Tabouis americana. Um *love affair* com um colega de redação, o cronista esportivo Spencer Tracy, traz para o campo dos objetivos os sérios problemas do casamento, criando um conflito entre os dois amorosos, pois Spencer Tracy quer a coisa de maneira tradicional, enquanto Katharine Hepburn só quer as vantagens de ter um marido moço. Vive às voltas com chamadas telefônicas de todo o mundo, desde o coronel Batista até o general Chiang Kai-shek; Spencer Tracy é só para as horas de folga.

Mas Spencer Tracy, apesar de sua natureza agitada e seu caráter tipicamente *average* americano, reage, resolve não ser mais Mr. Katharine Hepburn e bate asas do lar. Para quê, seu! A moderna Catarina de Médicis, quando lhe vê fugir o pássaro, cai naquela prostração e aí, então, é que pensa na situação da mulher em face do casamento, de como ela deve saber cozinhar, lavar, remendar, arrumar casa, sofrer e se alegrar ao lado do seu homem, enfim, a velha história da Amélia. Spencer Tracy queria uma mulher que de dia lhe lavasse a roupa, de noite lhe beijasse a boca, e assim eles fossem vivendo de amor. Katharine só queria o lado bom do samba. Não podia dar certo, é claro.

Mas ela se arrepende. Volta ao lar, vai ao livro de cozinha, frita uns ovos, e reconquista, à custa de lágrimas, o amor do seu Spencer Tracy, que está cada dia mais com uma cara de bolo solado. Abre muito o apetite da gente. Saindo de lá comi, com um gosto formidável, um bruto *waffle* na Americana...

1942

SONETO DA MULHER AO SOL

Uma mulher ao sol — eis todo o meu desejo
Vinda do sal do mar, nua, os braços em cruz
A flor dos lábios entreaberta para o beijo
A pele a fulgurar todo o pólen da luz.

Uma linda mulher com os seios em repouso
Nua e quente de sol — eis tudo o que eu preciso
O ventre terso, o pelo úmido, e um sorriso
À flor dos lábios entreabertos para o gozo.

Uma mulher ao sol sobre quem me debruce
Em quem beba e a quem morda e com quem me lamente
E que ao se submeter se enfureça e soluce

E tente me expelir, e ao me sentir ausente
Me busque novamente — e se deixa a dormir
Quando, pacificado, eu tiver de partir...

A BORDO DO *ANDREA C.*, A CAMINHO DA FRANÇA,
NOVEMBRO DE 1956

UMA MULHER, OUTRORA AMADA...

Porque hoje eu estou de lua, e positivamente me recuso a fazer crítica da filmasnice que vi ontem, divagarei, divagarei, divagarei. Não tenho em absoluto ideia do que vai sair daqui, mas a pressão mecânica do dedo sobre o teclado da máquina por certo me arrancará uma crônica qualquer. Seria talvez o caso de contar-te, leitor vespertino, uma memória dos meus cinco anos de Hollywood, mas tu não só podes pensar que eu estou mentindo, como há um sem-número de gente que fica dizendo que eu estou é querendo me mostrar, fazer o farol, essa coisa.

Mas que se danem estes. Vou te contar, leitor, como foi que eu vi pela primeira vez uma mulher por quem tive uma incrível paixão cinematográfica na juventude. Quando eu andava aí pelos meus dezessete, era para o retrato dessa mulher, preso à parede do meu quarto, que eu olhava todas as noites antes de dormir. Tinha por ela um amor cego, irreprimível, absoluto. Via-lhe os filmes oito, dez vezes.

Ela era grande, loura, branca, e tinha um olhar recuado que nunca chegava totalmente, como um misterioso convite a ir ver de perto, bem de perto. Sua fala era grave e doce, e ela cantava umas canções com uma falta de voz que era a voz mais linda do mundo. Quando ela sofria, ou se surpreendia — porque ela nunca se aterrorizava... —, a íris dos seus olhos percorria o espaço branco agitadamente, mas tão vasto era esse espaço que dir-se-ia haver decorrido um século durante aquele movimento. Por ela fui, em sonhos, grande escultor, soldado da Legião Estrangeira, espião na Primeira Grande Guerra, príncipe hindu, milionário em férias de cabaré, embarcadiço, tudo. Tivemos encontros em Marrocos, Cingapura, onde ela veio ter em avião especial para casar comigo apesar dos protestos de minha mãe, que a achava meio vigarista. Mas ela casou comigo mesmo na raça, com flor de laranjeira e tudo, ali na igrejinha da rua Lopes Quintas, sendo a cerimônia oficiada, se não me engano, pelo então vigário de São João Batista, monsenhor Rosalvo da Costa Rego. Houve ponche e doces caseiros depois do enlace, mas eu acordei — mal haja a luz do dia! — antes que a noite caísse sobre o nosso grande amor.

Essa mulher, essa das pernas longilíneas e luminosas, chama-se, ou melhor, chamava-se Marlene Dietrich, e eu a vi há exatamente cinco anos, pela primeira vez. Depois deveria vê-la muitas outras vezes, mas nada como essa vez primeira.

Era noite, e eu estava sozinho e triste e resolvi ir ao Ciro's, um famoso *night club* de estrelas e astros que existe em Sunset Boulevard, no coração de Hollywood. Nele tocava uma orquestra de um pianista pífio chamado Carmen Cavallaro, que eu nunca tinha ouvido pessoalmente. Como estivesse desacompanhado, fiquei sentado ao bar, num dos banquinhos altos, a traçar o meu uísque e a ver dançar à meia-luz tantas caras conhecidas da tela.

Foi quando ela entrou. De início, não a reconheci. Vinha em companhia de um velho, e passou longe de mim, diretamente para uma mesa reservada. Mas ouvi o comentário de um sujeito ao lado — Marlene... — e juro que meu coração bateu. Marlene... Levantei-me e fui espiá-la de perto. Era ela mesmo, leitor... Parecia haver absorvido toda a luz do mundo em sua face branca e em seus cabelos louros. Fiquei a olhá-la um sem-tempo, até que ela se virou e, dando comigo basbaque, teve uma sombra de sorriso.

Fui reto ao maître. Passei-lhe uma gaita gorda, e ele me providenciou uma mesinha reservada bem perto dela, onde me sentei e fiquei o resto da noite, a olhá-la com ar de quem não quer. De quem não quer... Quem não queria nada era ela, leitor. Não me olhou mais uma só vez. Não me deu a menor bola. Conversou muito lá com o velhinho dela e no máximo me oferecia o perfil, de onde nascia um halo, e a sombra misteriosa dos olhos de imensas pestanas. Nem me ligou. E casada comigo, leitor, casada comigo...

1951

MINHA CARA-METADE

Dirigido por Lloyd Bacon, este novo tecnicolor de La Grable — como a chamam os publicistas de Hollywood — conta a história de estroina cinematográfico mais estereotipado de Hollywood, aliás um ator a que não falta graça e talento, Dan Dailey, casado no filme com uma *entertainer* do Exército durante a guerra. O casal acha-se separado em virtude de uma grande tendência para a miscigenação por parte do marido, e se reencontra casualmente numa das ilhas do Pacífico. Dan Dailey vê umas pernas e as reconhece imediatamente como de sua "cara-metade". O que diz muito por ele.

A minha impressão pessoal é de que qualquer marido pode e deve reconhecer as pernas de sua esposa, seja numa ilha do Pacífico, na boate Vogue ou na sala de espera do Ministério da Fazenda. O que ele não pode é pôr-se, ato contínuo, a dançar com ela como se nada tivesse acontecido, entregando-se paralelamente a atividades militares, tudo isso com o maior desplante do mundo. Betty Grable, que é uma mulherzinha com um fraco danado por maridos estroinas, briga e faz as pazes trezentas vezes, dá e recebe grandes beijos na linda cavidade bucal e, na linha da melhor arquitetura moderna, nada com os "pilotis" à mostra para gáudio geral dos circunstantes.

Pena que tudo isso somado resulte num filme irremediavelmente alvar. Não há um metro linear de celuloide que não seja bocó, toleirão, bobo alegre. A beleza de Betty Grable, que sofre de excesso de saúde, não deixa nada à imaginação, o que é mau. A moça é muito "anúncio" demais, desses que se veem em todas as revistas americanas, e que dão à gente vontade de amar uma consumptivazinha ou outra mulher assim com um tiquinho de olheiras, uma enxaqueca de vez em quando, e bastante vagotonia.

Dan Dailey, um ator muito aproveitável, troca pernas ao longo da produção, com a sua irresponsabilidade tão pessoal. Bom dançarino, com uma longa prática de trabalho em vaudevile, Dan Dailey é, sem dúvida, a melhor coisa que há nesta salada musical da 20th Century. Temperamental, nervoso e sensível, o jovem ator americano andou recentemente tendo uns macaquinhos no sótão, e houve que interná-lo numa clínica de Arizona. Grande fã de bom jazz, como este cronista, eu me lembro de tê-lo visto frequentemente nas boates negras de Los Angeles, sempre que por lá andavam Louis Armstrong e outros próceres. E como traçava, a nossa amizade! Eu — ao contrário das más línguas, que andaram atribuindo a Betty Grable uma certa culpa inconsciente no estado de nervos de Dailey — prefiro pensar que tenha sido o álcool. Que diabo, há uma dignidade, uma linha de conduta num sujeito que adquire uma neurose alcoólica. Mas, francamente, eu nunca vi ninguém ficar doido por causa de suco de tomate.

1951

HISTÓRIA PASSIONAL,
HOLLYWOOD, CALIFÓRNIA

Preliminarmente telegrafar-te-ei uma dúzia de rosas
Depois te levarei a comer um *chop-suey*
Se a tarde também for loura abriremos a capota
Teus cabelos ao vento marcarão oitenta milhas.

Dar-me-ás um beijo com batom marca indelével
E eu pegarei tua coxa rija como a madeira
Sorrirás para mim e eu porei óculos escuros
Ante o brilho de teus dois mil dentes de esmalte.

Mascaremos cada um uma caixa de goma
E iremos ao *Chinese* cheirando a hortelã-pimenta
A cabeça no meu ombro sonharás duas horas
Enquanto eu me divirto no teu seio de arame.

De novo no automóvel perguntarei se queres
Me dirás que tem tempo e me darás um abraço
Tua fome reclama uma salada mista
Verei teu rosto através do suco de tomate.

Te ajudarei cavalheiro com o abrigo de chinchila
Na saída constatarei tuas *nylon 57*
Ao andares, algo em ti range em dó sustenido
Pelo andar em que vais sei que queres dançar rumba.

Beberás vinte uísques e ficarás mais terna
Dançando sentirei tuas pernas entre as minhas
Cheirarás levemente a cachorro lavado
Possuis cem rotações de quadris por minuto.

De novo no automóvel perguntarei se queres
Me dirás que hoje não, amanhã tens filmagem
Fazes a cigarreira num clube de má fama
E há uma cena em que vendes um maço a George Raft.

Telegrafar-te-ei então uma orquídea sexuada
No escritório esperarei que tomes sal de frutas
Vem-te um súbito desejo de comida italiana
Mas queres deitar cedo, tens uma dor de cabeça!

À porta de tua casa perguntarei se queres
Me dirás que hoje não, vais ficar dodói mais tarde
De longe acenarás um adeus sutilíssimo
Ao constatares que estou com a bateria gasta.

Dia seguinte esperarei com o rádio do carro aberto
Te chamando mentalmente de galinha e outros nomes
Virás então dizer que tens comida em casa
De avental abrirei latas e enxugarei pratos.

Tua mãe perguntará se há muito que sou casado
Direi que há cinco anos e ela fica calada
Mas como somos moços, precisamos divertir-nos
Sairemos de automóvel para uma volta rápida.

No alto de uma colina perguntar-te-ei se queres
Me dirás que nada feito, estás com uma dor do lado
Nervosos meus cigarros se fumarão sozinhos
E acabo machucando os dedos na tua cinta.

Dia seguinte vens com um suéter elástico
Sapatos mocassim e meia curta vermelha
Te levo pra dançar um ligeiro *jitterbug*
Teus vinte deixam os meus trinta e pouco cansados.

Na saída te vem um desejo de boliche

Jogas na perfeição, flertando o moço ao lado
Dás o telefone a ele e perguntas se me importo
Finjo que não me importo e dou saída no carro.

Estás louca para tomar uma Coca gelada
Debruças-te sobre mim e me mordes o pescoço
Passo de leve a mão no teu joelho ossudo
Perdido de repente numa grande piedade.

Depois pergunto se queres ir ao meu apartamento
Me matas a pergunta com um beijo apaixonado
Dou um soco na perna e aperto o acelerador
Finges-te de assustada e falas que dirijo bem.

Que é daquele perfume que eu te tinha prometido?
Compro o Chanel 5 e acrescento um bilhete gentil
"Hoje vou lhe pagar um jantar de vinte dólares
E se ela não quiser, juro que não me responsabilizo…"

Vens cheirando a lilás e com saltos, meu Deus, tão altos
Que eu fico lá embaixo e com um ar avacalhado
Dás ordens ao garçom de caviar e champanha
Depois arrotas de leve me dizendo *I beg your pardon.*

No carro distraído deixo a mão na tua perna
Depois vou te levando para o alto de um morro
Em cima tiro o anel, quero casar contigo
Dizes que só acedes depois do meu divórcio.

Balbucio palavras desconexas e esdrúxulas
Quero romper-te a blusa e mastigar-te a cara
Não tens medo nenhum dos meus loucos arroubos
E me destroncas o dedo com um golpe de jiu-jítsu.

Depois tiras da bolsa uma caixa de goma
E mascas furiosamente dizendo barbaridades

Que é que eu penso que és, se não tenho vergonha
De fazer tais propostas a uma moça solteira.

Balbucio uma desculpa e digo que estava pensando...
Falas que eu pense menos e me fazes um agrado
Me pedes um cigarro e riscas o fósforo com a unha
E eu fico boquiaberto diante de tanta habilidade.

Me pedes para te levar a comer uma salada
Mas de súbito me vem uma consciência estranha
Vejo-te como uma cabra pastando sobre mim
E odeio-te de ruminares assim a minha carne.

E então fico possesso, dou-te um murro na cara
Destruo-te a carótida a violentas dentadas
Ordenho-te até o sangue escorrer entre meus dedos
E te possuo assim, morta e desfigurada.

Depois arrependido choro sobre o teu corpo
E te enterro numa vala, minha pobre namorada...
Fujo mas me descobrem por um fio de cabelo
E seis meses depois morro na câmara de gás.

UH-UHUHUHUH-UHUHUHUH!

Eu amiga ver Tarzan Ritz. Amiga bonita. Tarzan mais bonito e forte que eu. Azar meu. Amiga mais bonita que Jane. Jane chata. Jane cara burra. Namorada mais inteligente que Jane. Rainha preta linda. Eu Tarzan passava Jane para trás boas condições. Rainha preta uva. Toda hora Tarzan dá pulo. Macaca Chita faz macacada tempo todo. Chita melhor atriz fita longe. Comissário inglês cara cretino. Gostei bandido matou ele metralhadora. Eu gosto bandido fita americana. Chita rouba relógio comissário. Relógio toca musiquinha. Tarzan voa no cipó daqui a avenida Presidente Vargas. Tarzan bacano. Tarzan ama Jane. Besteira. Jane cara panqueca solada. Rainha preta sim. Boa boa.

Fita boba. Eu gostei. Amiga ao lado essa coisa. Fita muito pedaço roubado outras fitas África. Não tem briga de bicho. Pena. Tarzan luta planta carnívora. Índios lutam bem jiu-jítsu, *catch-as-catch-can*, capoeira, fazem qualquer negócio. Índio mau mascarado. Rainha preta também mascarada mas toda boa.

Weissmuller melhor. Maureen O'Sullivan antiga Jane muito melhor que nova. Weissmuller muito gordo. Eu também um pouco. Weissmuller muito velho fazer Tarzan. Weissmuller cara muito burra mas falava língua Tarzan espetáculo.

Tarzan cai cachoeira, atira faca certeira cabeça cobra mecânica, mata sete cada vez feito alfaiate contos carochinha. Tarzan vê Jane dormindo faz olho morno. Aí Tarzan! Jane empalamo completo. Jane devia ser mulher comissário inglês assassinado e rainha preta mulher Tarzan. Isso sim. Mulheres mal distribuídas.

Tarzan e Jane brincam jogos aquáticos pura patifaria. Chita assiste, tapa os olhos, ri sem-vergonhamente. Jacaré vem vindo. Tarzan joga água Jane. Jacaré vem vindo. Jane joga água Tarzan. Jacaré vem vindo. Tarzan diz com licença, com licença, com licença. Bola fraca.

Cada um deve levar sua Jane ver Tarzan. Tem rapto Sabinas no fim com pileque geral tribo inimiga. Muito sensual para brotos e macróbios.

Perfil amiga lindo escuro cinema.

1951

O AMOR EM BOTAFOGO

I / BRANCA

Eu conheci Branca no colégio público, tinha por aí meus sete anos. Era a Escola Afrânio Peixoto e ficava a meio caminho da rua da Matriz. Nesse tempo a gente se deslumbrava diante de uma borracha Faber, das grandes, boas não só para apagar como para morder. Não havia ainda cadernos verde-amarelos, com hinos transcritos nas costas, e se usavam pequenas ardósias que os alunos chamavam "a minha pedra", para a qual havia também um lápis, "o lápis de pedra", que riscava a superfície negra com um rinchado de arrepiar uma tartaruga.

Branca foi a minha primeira namorada. Morava na casa contígua à minha, na rua Voluntários da Pátria, lar de meus avós, para onde eu vinha da ilha do Governador, onde viviam meus pais, durante o ano letivo. A menina usava o vestido bem acima dos joelhos e tinha sempre um laço de cor no chinó.

No princípio não dei muita atenção a ela, por causa de duas meninas da minha classe que, embora não namorasse, me perturbavam por demais. Uma me dera um beijo um dia, em plena hora da comunhão, na matriz de São João Batista, onde oficiava o então padre Rosalvo da Costa Rego. A outra fazia composições lindas sobre o pôr do sol, que tocavam fundo o meu literatismo despontante.

Comecei a amá-la porque um dia, no portão de sua casa, minha mão encostou de leve em sua perna. Nunca mais esqueci essa sensação. Foi a coisa mais fresca, dúctil, lisa, benfazeja que jamais toquei em minha vida. Parecia uma imensa borracha Faber. E namorei-a apesar do seu sobrenome, que me envergonhava um pouco e prestava-

-se a uma porção de piadas por parte dos meninos (ela chamava-se Varanda), e de sua cor, pois Branca era quase pretinha. Branca me dava cola em história do Brasil.

Nunca mais pus a mão em sua perna.

II / NEGRA

Negra era linda. Andava como uma jovem pantera, o passo elástico desenvolvendo esferas no espaço em torno. Eu, sinceramente, não me achava merecedor dela e, de certo modo, até hoje me pergunto por que Negra me escolheu entre tantos outros garotos. Ela era um pouquinho mais alta que eu e excedia em majestade. Qualquer coisa assim como se agora, por exemplo, Ursula Andress viesse ao Brasil e cismasse comigo.

Eu tinha um misto de vergonha e orgulho de sair com ela na rua. Sim, vergonha, porque os outros meninos a olhavam com cobiça e alguns até dirigiam-lhe gracejos. Ficava cego de raiva mas não fazia nada porque isso era a todo instante. Até que um dia Negra parou (foi ali na Sorocaba) e apontou para o grupo — uns três guris — que tinha mexido com ela, em termos mais pesados.

— Vai e dá neles!

E eu parti com tal raça que os meninos, depois de derrubado o primeiro, fugiram e ficaram nos vaiando de longe. Negra deu-me um rápido olhar de quem diz: muito bem! — e dando-me a mão partiu comigo: eu com náusea de estômago, como até hoje tenho depois que entro em cólera.

Negra sabia de mais coisas que o João. Levava-me para sua casa e bastava a mãe ou o pai saírem da sala, e a menina dava-me violentas "enxovas". Gostava de beijar como Greta Garbo, que era a rainha cinematográfica da época, ou seja, dando-me uma gravata e colocando meu rosto sob o dela. Aquilo me humilhava um pouco, mas também não vamos exagerar. Eu era vidrado por Negra e para mim tudo o que ela fazia estava perfeito.

Só sei que, como cheguei, me fui. Um verão ela subiu para Petrópolis, onde eu ia visitá-la às vezes, numa bela casa à margem do Piabanha. Certo dia cheguei lá e ela veio atender-me no portão:

— Eu queria dizer a você que já tenho outro namorado.

Voltei, no antigo trenzinho de cremalheira, lavado em lágrimas. Ah! Negra, por que você foi fazer uma coisa dessas comigo e me desprover assim do tato de seus cabelos louros, da sua boca gulosa e de sua pele mais branca do que a lua?

1966

AS QUATRO ESTAÇÕES

Ouve, Lila, como trila
A cigarra no mormaço
E sente como, devasso
Meu corpo todo destila
Volúpia, ausência e cansaço
Do amor que tivemos, Lila.

Ouve, Lila, como rola
O mar em eterno arremesso
E vê como se estiola
A flor do dia em começo...
Sente o aroma que se evola...
Ah, Lila, como eu padeço!

Ouve, Lila, como fala
O imo silêncio da tarde
E como se despetala
Ela, sem fazer alarde
E como o espelho, covarde
Não mais reflete — se cala...

Sente, Lila, como gela
Meu pé, minha mão, meu riso
E eu me horizontalizo
Cada vez com mais cautela
Do que me fora preciso...
Deixa, Lila, é ela... é ela...

CARTA DE VINICIUS DE MORAES PARA LILA BÔSCOLI

ANTIBES, 26 DE OUTUBRO DE 1957

Meu amor, minha garota,

Recebi sua carta ontem, em meio a uma sessão do Congresso da FIAF — mandada por Josée [*Rinaldi*], de Paris — e o resto do dia foi tão carregado que nem me foi possível responder. Fiquei muito chateado com todas as coisas cacetes que estão te acontecendo, com a única alegria de saber que você se instalou direitinho com as crianças e não está dependendo de ninguém para morar. E gostei também — pela primeira vez desde muito tempo — do tom que senti em tuas palavras e que sempre quis ouvir de novo: um tom de confiança, a despeito de tudo do que as pessoas dizem sobre mim, do que acontece e do que pode acontecer. Isso me deixa tão unido a você, e te amando tão mais que nem poderia te dizer. Você é a coisa mais importante que tenho no mundo, a coisa que eu mais amo no mundo — e, hoje em dia, eu tenho a impressão de que vai ser sempre assim. Não se importe com o que as pessoas falam — pois, se elas falam, é que vivem sem amor, não têm mais nada para dar nem para receber. Todo esse negócio que estão fazendo com Lucinha [*Proença*] é incrível. É incrível até que ponto as pessoas podem ser más sem saber. Não escute, pelo amor das filhinhas, o que possam estar dizendo, os comentários que possam estar fazendo e que são, tenha certeza, o contrário da verdade. Quando chegar aí contarei, se você quiser, o que realmente aconteceu e que nada tem de mal.

Despachei suas malas, bem como a das meninas, mas não sei quando chegarão aí, pois não estive com o Cambray em Paris depois que fechei o apartamento. Logo que chegar a Paris, saberei por que navio seguiram e te mandarei dizer. Josée foi o maior amor do mundo depois que você partiu e me ajudou milhões, fazendo malas, tomando providências. Até do inventário ela se ocupou, pois os inventariantes foram fazer o dito no dia 18 — justamente o dia da minha partida para cá. A viagem foi muito agradável, Verinha veio conosco e Rodolpho foi um amor. À meia-noite em ponto, no meio da estrada, ele parou o automóvel, soltou vários hurrahs e celebramos o meu 44º com uma golada de uísque cada um. Cheguei morto, pois dirigimos sem parar — a não ser duas horas em Avignon, para consertar uma peça do motor. Eles ficaram no meu hotel por uma noite e seguiram, no dia seguinte, para Roma. Aqui encontrei Paulo Emílio e temos estado sempre juntos. O assunto que me interessa mais — a ajuda da FIAF à Cinemateca Brasileira — vai ser tratado justamente hoje.

O Congresso está cheio de gente ótima. Iris Barry está aqui com o marido, o Pierre — você lembra, ele comeu com ela uma feijoada lá em casa — e temos batido ótimos papos. São gente de primeira. Ontem à tarde fomos juntos a [Saint-Paul-de-] Vence, para eu conhecer melhor a cidade — que é um amor, por dentro. Antibes é também uma gracinha por dentro — muito diferente daquilo tudo que se vê na costa. Estou em casa do poeta Jean Raine, um sujeito esplêndido, que também faz cinema. Os Bourdaults também estão aqui — lembra dele, o advogado simpático, e Betty, a mulher dele, em casa de quem fomos com Mary uma noite? — e já jantamos juntos.

Ontem, o Congresso, em plena sessão, me destacou para ir cumprimentar Picasso em Valouris pelos seus 76 anos. Havia um grande coquetel no museuzinho de cerâmica que você conhece e o velho estava lá, formidável, enxuto como um moço, o olho brilhante, a espinha direita, a pele esticada e a careca luzidia. Conversamos bastante, para grande inveja da maioria dos presentes, pois eu, além da vantagem do espanhol, tenho vários amigos que são íntimos dele. Foi pena eu não ter tido coragem de pedir a um dos fotógrafos para nos apanhar, mas fiquei encabulado e achei saco pedir — no fundo, eu estou me danando para ter uma fotografia com Picasso. Mas gostei de estar com ele, de apertar-lhe a mão e de falarmos juntos de gente de que a gente gosta, como Manolo, Dominique e Neruda.

Tenho vivido praticamente de peixe. Há um bistrozinho ótimo aqui no mercado de Antibes — mercado que é a maior graça do mundo.

O Congresso acaba segunda, 28, ou terça, 29. Escreva-me logo para Paris — para a Unesco, Délégation du Brésil, 19 Av. Kleber, Paris 16 — ou para a casa da Josée. Se você estiver com Susana ou Pedrinho, dê grandes beijos meus neles. Mandei dia 23 um telegrama gozado, com um pessoal simpático com quem jantava, para o Pedrinho, pelo aniversário dele.

E as filhinhas? Morro de saudades de ambas. O que vale é que o tempo está encurtando: já são dezesseis dias que você partiu e faltam pouco mais de quinze dias para eu ir embora. Estou doido para chegar e entrar no estaleiro, pois, embora a saúde seja boa, sinto-me muito cansado "por dentro".

Meu poema saiu em *Para Todos*? Como vão todos aí — o [*Rubem*] Braga, Paulinho [*Mendes Campos*], o Tom etc. etc.? Você tem visto Márcia e Regina — ou Regina já partiu? Se estiver com elas, dá-lhes um grande e grato beijo meu por tudo que elas fizeram por você e pelas menininhas no avião.

Escreve, meu amor. Não me deixa, *please*, sem notícias. E fica tranquila. Já, já estaremos de novo juntos e, em princípio de janeiro, seguiremos embora. Gostaria, porém, que você sondasse junto ao Sette [*Câmara*] a possibilidade de eu ir para Santiago, em vez de para Montevidéu. Pergunte a ele se é muito difícil mudar o meu decreto. A verdade é que a ajuda de custo praticamente evaporou-se com o pagamento de todas as dívidas aqui. Vou chegar aí com, praticamente, US$ 500 da dita — se chegar, pois sua conta no Jean-Maurice era bem maior do que você me disse, sua vigarista, e tive de dar-lhe quase 200 mil francos (inclusive os 50 mil da Regina). Mas não há de ser nada. Exponha tudo isso ao Sette e diz a ele que ele não está onde está em vão. A ida para Santiago aumentaria a ajuda de custo, tanto na ida quanto — o que é mais importante — na volta. Porque a volta é que vai ser flórida. Se ele achar a coisa viável, faça um tiquinho de pressão, e também com o Cyro dos Anjos, que é meu amigo e está no gabinete. Mas o Sette, querendo, arruma a coisa.

Bem, vou almoçar com a Iris e com o Pierre. Mandei fazer uns camarões no bistrô e estou com bastante fome. O tempo está lindo aqui — mas a [*gripe*] asiática está comendo solta. Abraça todo mundo por mim, dá um grande beijo em minha mãe e nas menininhas e outro em Biu. Saudades para Lina e Fabrizzi e Ronaldo [*Bôscoli*]. Breve estou aí.

Para você, todo o amor e carinho do seu
Vin.

JANELAS ABERTAS

COM MÚSICA DE TOM JOBIM

Sim
Eu poderia fugir, meu amor
Eu poderia partir
Sem dizer pra onde vou
Nem se devo voltar

Sim
Eu poderia morrer de dor
Eu poderia morrer
E me serenizar

Ah
Eu poderia ficar sempre assim
Como uma casa sombria
Uma casa vazia
Sem luz nem calor

Mas
Quero as janelas abrir
Para que o sol possa vir iluminar nosso amor

MONÓLOGO DE ORFEU
("MULHER MAIS ADORADA")

Mulher mais adorada
Agora que não estás, deixa que rompa
O meu peito em soluços! Te enrustiste
Em minha vida; e cada hora que passa
É mais por que te amar, a hora derrama
O seu óleo de amor, em mim, amada...
E sabes de uma coisa? cada vez
Que o sofrimento vem, essa saudade
De estar perto, se longe, ou estar mais perto
Se perto — que é que eu sei! essa agonia
De viver fraco, o peito extravasado
O mel correndo; essa incapacidade
De me sentir mais eu, Orfeu, tudo isso
Que é bem capaz de confundir o espírito
De um homem —, nada disso tem importância
Quando tu chegas com essa charla antiga
Esse contentamento, essa harmonia
Esse corpo! e me dizes essas coisas
Que me dão essa força, essa coragem
Esse orgulho de rei. Ah, minha Eurídice
Meu verso, meu silêncio, minha música!
Nunca fujas de mim! sem ti sou nada
Sou coisa sem razão, jogada, sou
Pedra rolada. Orfeu menos Eurídice...
Coisa incompreensível! A existência
Sem ti é como olhar para um relógio
Só com o ponteiro dos minutos. Tu
És a hora, és o que dá sentido
E direção ao tempo, minha amiga
Mais querida! Qual mãe, qual pai, qual nada!

A beleza da vida és tu, amada
Milhões amada! Ah! criatura! quem
Poderia pensar que Orfeu: Orfeu
Cujo violão é a vida da cidade
E cuja fala, como o vento à flor
Despetala as mulheres — que ele, Orfeu
Ficasse assim rendido aos teus encantos!
Mulata, pele escura, dente branco
Vai teu caminho que eu vou te seguindo
No pensamento e aqui me deixo rente
Quando voltares, pela lua cheia
Para os braços sem fim do teu amigo!
Vai, tua vida, pássaro contente
Vai, tua vida, que estarei contigo!

CARTA DE VINICIUS DE MORAES PARA LILA BÔSCOLI

PARIS, OUTUBRO DE 1957
(PROVAVELMENTE ALGUNS DIAS DEPOIS DA ÚLTIMA CARTA)

Minha Lilinha,

Paulo [*Carneiro*] chegou ontem, com notícias tuas. E encontrei também o [*Dirceu*] Di Pasca, que me disse, com ar maroto, que te tinha encontrado numa festa em casa de um colega meu que tinha servido na Espanha — e "fez o discreto", fingindo não se lembrar do nome. Disse que você estava "muito alegre".

Fiquei triste e comecei a pensar, pela primeira vez seriamente, se de fato você não gosta mais de mim, ou, pelo menos, se seu amor não está indo de vez *down the drain*.

Estou achando tudo aqui extremamente chato e difícil. Até agora o Itamaraty nada me comunicou da minha remoção para a Unesco. Nosso apartamento está infecto e, por enquanto, nada encontrei que possa nos servir. Os preços duplicaram. Por outro lado, depois de uma semana em casa de Rodolpho e Madeleine, estou começando a me sentir pouco à vontade, pois sei que hóspede, depois de uma semana, *stinks*. Enfim, estou achando tudo uma merda, e meu espírito se perturbou demais com a notícia de que você está solta por aí. Meu complexo de "machão brasileiro", como diz você, reagiu mal a isso. Fico me perguntando a todo instante se não está realmente na hora de *take roads apart*, para não sujar as coisas que tivemos e que eu pensava ainda tínhamos, apesar das minhas calhordices de homem.

Mas é a velha história. Eu sou homem e você é mulher. Eu não posso nunca entender você, ao mesmo tempo, minha e solta. Não sou, infelizmente, marido sueco.

Enfim, escreve dizendo francamente o que há. Queria ter podido te escrever uma carta boa, te pedindo para que dês um beijo grande em Luciana pelo seu primeiro ano de vida. Mas a notícia, tal como me foi dada, cheia de circunlóquios, pelo Di Pasca, me deixou um gosto frio e amargo de dor de corno.

E eis aí.

Diz à Lygia que não me esqueci do aniversário dela, mas que estava em alto-mar.

Escreverei logo.

Vin.

HISTÓRIA DE UM BEIJO

Sem querer me passar um atestado de burrice, devo confessar que há neste mundo muita coisa que positivamente escapa à minha compreensão. Certas nuances, certas sutilezas do cinema americano, por exemplo, estão indiscutivelmente acima do meu entendimento. É em vão que me esforço por perceber essas intenções delicadas. Ainda ontem, assistindo a *Deliciosa aventura*, encrenquei com a história de um beijo. Não houve meio de entendê-lo. Pensei, perguntei a pessoas, mas a explicação que deram não me satisfez. Vejam lá vocês o que acham da coisa. Irene Dunne se encontra num trem com Preston Foster e se deixa beijar. Desse beijo nasce um amor violento, mas só por parte dela, infelizmente. A história continua, Irene acaba esquecendo Preston Foster para gostar de Robert Montgomery. Então, numa cena que pretende ser de grande efeito, ela resolve retribuir o beijo recebido no trem. Fiquei positivamente tonto. Que sentido oculto teria aquele beijo, espécie de sorriso de Gioconda, misterioso, surpreendente, indefinível? Nada entendo de beijos, mas quer me parecer que eles não poderão exprimir mais do que a ternura ou o amor, quando muito poderão despertar esse sentimento em quem não o possuía, como foi o caso no trem, ou fazê-lo desaparecer, se dado com brutalidade em pessoa por demais sensível. O que realmente é desconcertante é um beijo que exprima o não amor, a não ternura, exatamente o contrário do que pretende significar esse gesto tão curioso e tão antigo. Trata-se talvez de uma nova interpretação das possibilidades de expressão do corpo humano. Será talvez uma concepção ousada, um avanço de muitos anos sobre o atual modo de encarar as coisas. Por isso, talvez, eu não o tenha entendido, eu que prefiro ver no beijo uma coisa mais simples, um contato gostoso que a gente procura quando ama com o corpo ou com a alma.

Gregory La Cava dirigiu o filme. Em *Mundos íntimos*, com Charles Boyer e Joan Bennett, ele havia mostrado que, quando quer, é capaz de dirigir de modo bem razoável. Em *Deliciosa aventura*, porém, o que nos prova é uma grande capacidade de seguir a moda de Hollywood, seu convencionalismo, seu brilho oco, sua leviandade. As situações são forçadas, pouco naturais, com aquela pseudo--originalidade que redunda sempre na mais desoladora das banalidades. Eugene Thackrey, o roteirista do filme, compôs as imagens com a displicência de um varredor de ruas. Fico por aqui, nada de bom havendo a dizer de Irene Dunne, de Preston Foster ou de Montgomery...

1942

ROMANCE DA AMADA E DA MORTE

A RUBEM BRAGA

A noite apodrece. Exausto
O poeta sem sua Amada
Não tem nada que o conforte.
A lua em seu negro claustro
Corta os pulsos em holocausto
À sua saudade enorme.
Mas o poeta não tem nada
Não tem nada que o conforte.
Fumando o seu LM
O poeta sozinho teme
Pela sua própria sorte.
Seu corpo ausente passeia
Trajando camisa esporte.
Abre um livro: o pensamento
Além do texto o transporta.
Pega um papel: o poema
Recusa-se à folha morta.
Toma um café, bebe um uísque
O gosto de tudo é pobre.
Liga o rádio, lava o rosto
Põe um disco na vitrola
Os amigos telefonam
O poeta nem dá bola
O simpatil não o relaxa
O violão não o consola.
O poeta sozinho acha
A vida sem sua Amada
Uma grandíssima bosta.
E é então que de repente
Soa a campainha da porta.

O poeta não compreende
Quem pode ser a essas horas...
E abre; e se surpreende
Ao ver surgir dos batentes
Sua velha amiga, a Morte
Usando um negro trapézio
E sombra verde nas órbitas.
Ao redor das omoplatas
Um colar de quatro voltas
E as falangetas pintadas
Com um esmalte de tom sóbrio.
O poeta acha-a mais mundana
No auge da última moda
Com a maquilagem romana
E os quatro metros de roda.
A Morte lânguida o enlaça
Com todo o amor de seus ossos
Insinuando no poeta
Sua bacia e sua rótula.
Ao poeta, de tão sozinho
Tudo pouco se lhe importa
E por muito delicado
Faz um carinho na Morte.
A Morte gruda-se a ele
Beija-o num louco transporte
O poeta serve-lhe um uísque
Muda o disco na vitrola.
A Morte sorri feliz
Como quem canta vitória
Ao ver o poeta tão triste
Tão fraco, tão provisório.
Enche-lhe bem a caveira
Sai dançando um rock and roll
Retorcendo-se do cóccix
E trescalando a necrose.
Depois senta-se ao seu lado

Faz-lhe uma porção de histórias...
O poeta deixa, infeliz
Sentindo o seu organismo
Ir aderindo ao da Morte.
Começa a inchar o seu fígado
Seu coração bate forte
Seu ventre tem borborigmos
Sente espasmos pelo cólon.
O poeta fuma que fuma
O poeta sofre que sofre
Sai-lhe o canino do alvéolo
Sua pele se descolore.
A Morte toma-lhe o pulso
Ausculta-o de estetoscópio
Apalpa a sua vesícula
Olha-lhe o branco dos olhos.
Nas suas artérias duras
Há sintomas de esclerose
Seu fígado está perfeito
Para uma boa cirrose.
Quem sabe câncer do sangue
Quem sabe arteriosclerose...
A Morte está satisfeita
Ao lado do poeta deita
E dorme um sono de morte.

E é então que de repente
Soa a campainha de fora.
O poeta não compreende
Quem pode ser a essas horas...
A Morte se deixa à espreita
Envolta no seu lençol
Enquanto gira o poeta
A maçaneta da porta.
A Amada entra como o sol
Como a chuva, como o mar

Envolve o poeta em seus braços
Seus belos braços de carne
Beija o poeta com sua boca
Com sua boca de lábios
Olha o poeta com seus olhos
Com seus olhos de luar
Banha-o todo de ternura
De uma ternura de água.
Não veste a Amada trapézio
Nem outra linha qualquer
Não está de cal maquilada
Nem usa sombra sequer.
A Amada é a coisa mais linda
A Amada é a coisa mais forte
A Amada é a coisa mulher.
A Morte, desesperada
Num transporte de ciúme
Atira-se contra a Amada.
A Amada luta com a Morte
Da meia-noite à alvorada
Morde a Morte, mata a Morte
Joga a Morte pela escada
Depois vem e se repousa
Tendo o poeta ao seu lado
E sorri, conta-lhe coisas
Para alegrar seu estado
E entreabre seu corpo moço
Para acolher seu amado.
O poeta sente seu sangue
Circular desafogado
Sua pressão baixa a 12
Seu pulso bate normal
De seu fígado a cirrose
Faz a pista apavorada
A matéria esclerosante
Fica desesclerosada

Desaparece a extrassístole
Seu cólon cala os espasmos
Equilibra-se de súbito.
Todo o seu vago simpático
Corre-lhe o plasma contente
Cheio de rubras hematias
O dente ajusta-se ao alvéolo
Fica-lhe a pele rosada.
Tudo isso porque o poeta
Não é poeta, não é nada
Quando a sua bem-amada
Larga-o à morte, se ausente
De sua luz e do seu ar
Por isso que a ausência é a morte
É a morte mais tristemente
É a morte mais devagar.

MONTEVIDÉU, 14.10.1958

CARTA DE VINICIUS DE MORAES PARA LILA BÔSCOLI

PARIS, SEM DATA
(PROVAVELMENTE MEADOS DE OUTUBRO DE 1957)

Minha garotinha querida,

Estou sem notícias suas há já seis dias, apesar da promessa que você me fez de telegrafar logo que chegasse [*ao Rio*]. Isso me aflige. Gostaria de saber de você e das crianças, se vocês arrumaram apartamento, se sua vida está em ordem. Espero que haja uma carta tua a caminho. O chato é que parto amanhã, logo depois do almoço, para Antibes, e mesmo que chegue carta tua, vai me desencontrar.

Como foi tudo, a viagem, a chegada, as impressões das crianças? Biu adorou ver Georgiana? Você encontrou minha mãe e as meninas bem? Por falar nisso, diga à Leta que não há zanga absolutamente nenhuma de minha parte (ela sabe do que se trata).

As saudades de você são muito grandes, meu amor. Grandes MESMO. Atravessei aquela noite de sua partida chorando pra valer. O apartamento ficou vazio, a Luiza como uma alma penada, coitada. Sentiu realmente a falta das crianças. Já foi para a casa do Lampreia [*João Gracie*] e ontem telefonei para saber se ia bem. Meu endereço em Antibes, onde estarei até o dia 30 (dia 1º volto para Paris), é Hotel Joss, Cap d'Antibes, Alpes Maritimes, France.

Hoje, felizmente, chegou Paulo Emílio [*Sales Gomes*] e devemos seguir juntos para o Congresso. Arrumei hospedagem grátis [*para ele*] e tudo. Rodolpho e Madeleine me têm feito muita companhia. A brasileirada, cada vez mais agarrada entre si, nessa fase de arrancada final.

Escreve, *please*, garota. E — sobretudo! — acredite no meu amor e nesse negócio fundo que há entre a gente. O resto não tem a mínima importância. Beije muito as filhinhas por mim.

Até breve, meu amor. Fico contando os dias para a partida. Irei com Verinha [*Barreto Leite*] no mesmo avião — já combinamos. E, mais uma vez, desculpa o mau gênio e a brutalidade do último dia. Foi um pouco para te chacoalhar — mas, em parte, é porque é muito mais duro e difícil ficar do que partir — e ficar vendo tudo que você ama no mundo indo embora.

Um beijo bem grande e bem saudoso do teu
Vin.

POR QUE AMO PARIS*

Voilà la Cité sainte, assise à l'occident!
RIMBAUD

Em dezembro de 1938, um jovem bolsista brasileiro para a Universidade de Oxford (com perdão do estilo *Time Magazine...*) tiritava num quarto de pensão em Londres, a que nada, nem mesmo seu coração apaixonado, conseguia aquecer. Tratava-se, segundo as manchetes, de um dos mais terríveis invernos do século e era impossível sair por muito tempo à rua sem que as orelhas do malfadado se descolassem e seu nariz saísse batendo as asinhas.

O jovem bolsista, envolto em mil cobertores, lia sem parar os seus primeiros autores ingleses de sustância e que, por essa razão, associam-se até hoje, em sua mente, à ideia de frio: John Bunyan e Jane Austin. Um tal enfurnamento, passado usualmente em posição horizontal, determinou, é claro, uma reviravolta completa em seus horários. Ia dormir quando a neve colada aos vidros de sua janela (sua primeira neve!) começava a fazer-se mais alva com a luz da madrugada; e acordava à tarde, com o café da manhã a olhá-lo de mau humor com o seu negro olhar gelado. Sua inapetência era tal e seu frio tão grande que data daí um respeito britânico pelo uísque como agente calefator; cujo uísque, vazado a princípio em poções preventivas, provou ser tão útil que começou a ser ingerido em doses federais; e a verdade é que o jovem bolsista ainda não estava preparado para tanto. Seu temperamento imprudente e sua impaciência entraram em

---

* Reportagem lírica de uma cidade por demais conhecida e por demais cantada, mas que acontece ser a favorita, depois do Rio de Janeiro, no coração de um poeta carioca que aliás se chama VINICIUS DE MORAES. Esta reportagem foi publicada na revista *Senhor*, em maio de 1959. [Todas as notas da reportagem são de Vinicius de Moraes.]

ação e uma noite ele saiu. O resfriado que apanhou resultou tão recalcitrante que, juntando umas poucas libras, resolveu ir curá-lo em Paris.

Em boa hora! Nunca mais lhe sairia da memória sua chegada, sem dinheiro e sem orientação, a essa cidade amanhecente que teria um papel tão decisivo em sua vida. O táxi que tomou na estação devia ser um remanescente da grande corrida para o Marne, na Guerra de 14, e o chofer bigodudo um velho *poilu*, a quem por certo não faltaria uma cicatriz de baioneta no flanco. Era tudo azul e cinza-azul, como no soneto de Rubem Braga: uma coisa indescritível de beleza. E como a beleza está no homem e não nas coisas, esse seria o seu instante de estesia máxima diante de Paris, para a qual, desembarcando muitas vezes depois, em circunstâncias parecidas, deitaria um olhar apenas amigo ou conivente.

O jovem bolsista lembra-se de haver pedido ao chofer que o levasse a um hotel qualquer bem barato. O velho olhou-o por sobre o ombro com uma severidade não isenta de simpatia, ubicou-se por uma ponte, deu voltas num labirinto de pequenas ruas e afinal parou diante de uma fachada *très vieux Paris*, onde havia escrito: Hotel St. Thomas d'Aquin. Era na Rue Près-aux-Clercs, no coração do Quartier Latin. Lembras-te, Di?

Lembras-te, Di
Cavalcanti, Di
Amante da noite
Di superior
Ao dia, diante
Do amor, ante
Rior ao México
Anterior a tudo
Di sem hora de
Boina se rindo
Se rindo de

Consuelo de
Saint-Exupéry
E do sargento
Tirso Di de
Madrugada chegando
Da Rádio Di
De la Coupole
Bebendo champagne
Dez francos a taça
Diagrama de Di
Mi sol si ré lá
Bordão que eu vi
Ébrio de seios
Ventre coxas Di
Di de Montparnasse
Di de Paris.

Lá vai ele, o jovem bolsista brasileiro para Oxford, sem um franco no bolso e um argueiro no olho que não o deixa ver Paris pela primeira vez. Dinheiro, o amigo Cícero[*] lhe emprestará algum, se for preciso. O argueiro é que são elas! É terrível estar alegre assim e ver Paris através de lágrimas.

— *Monsieur, voulez-vous m'enlever cette vache de dans mon oeil?*

O farmacêutico espia. O *la-la!*

— *Ça doit vous faire du mal, mon p'tit.*

— *Ça m'empêche de voir Paris. C'est mon premier voyage. J'ai pas d'argent sur moi. Je vous payerai demain.*

Ah, eis que a visão do Louvre se enfoca. Que maravilha! O jovem bolsista pega o Pont des Arts, o lenço enxugando o olho esquerdo, o passo rápido, ao assalto da Beleza.

— *Hey, Milreis!*

Não é possível…!

[*] Cícero Dias, imigrado para Paris dois anos antes.

— *Half-a-crown!*

São seus amigos Reginaldo Maudling[*] e Charles Steward,[**] o primeiro de Merton College, o segundo de Bailliol, em Oxford. Seus melhores companheiros na Universidade. Gente cem por cento.

— *You, buggards!*

— *Why the hell are you crying?*

O jovem bolsista explica. Maudling ri a sua boa risada:

— *Bloody hell! I think we sould have a beer and celebrate!*

Adeus, Palais du Louvre. Rios de cerveja correrão. Eu conheço Maudling, e sobretudo Steward. Menino danado! Para aguentar tanto líquido, algum tem de escapar pelo ladrão...

Três meses depois, em março de 1939, o jovem bolsista, de volta a Paris, foi apresentado a uma menina de dezessete anos, fina de corpo, séria de semblante e com uns olhos fugidios de corça. A querida amiga que nos apresentou disse apenas:

— Você conhece minha sobrinha...

Mas, em sua distração e volubilidade usuais, esqueceu-se de acrescentar:

— Você vai se enamorar dela daqui a dezoito anos, numa festa em casa de um arquiteto amigo seu, no Rio. Cerca de um ano depois vocês irão se reencontrar aqui em Paris, e você ficará irremediavelmente apaixonado por ela, e há de sofrer como um possesso todas as dores de sua paixão, e na Quarta-Feira de Cinzas de 1959 você terá um desastre de automóvel cerca de Petrópolis, onde ela estará veraneando, e você, coberto de sangue, ao se sentir ir morrendo, ela tão perto, olhará a sua morte

---

[*] O ex-*Paymaster General* do Gabinete Macmillan.

[**] Oficial aviador, morto em combate na Batalha de Londres, Maudling me chamava "Mil-réis" e eu o chamava "*Half-a-crown*", pelas moedas de nossos vídeos.

com um infinito sentimento de pena porque tudo poderia ter sido e não foi; mas você preferirá morrer a ter de viver sem ela, sobretudo depois de lhe ter dito, como disse, numa noite de Sexta-Feira da Paixão, no Club St. Florentin, 15 Rue St. Florentin, que você a tinha dentro de você sem saber desde a mocidade, desde aquele dia, dezenove anos antes, em que eu a apresentei a você, como estou fazendo agora. E você escreverá para ela a "Elegia de Sexta-Feira da Paixão", que dirá o seguinte:

Amiga, deixa que a noite escolha hoje o teu vestido
Em vez de Dior, Dessès ou Givanchy. Não te esqueças
É Sexta-Feira da Paixão. Os castanheiros
Estão apenas acordando do longo inverno que passaste
Ao sol, longe de mim. Se vires a Tour Eiffel como uma doida
Declamando Éluard, não te impressiones:
Hoje tudo é possível. Lembra-te
É Sexta-Feira da Paixão. Provavelmente
Se formos até Pont Mirabeau, encontraremos
O sargento Appolinaire debruçado mirando o Sena
Na esperança de alguma afogada. Ah
As afogadas do Sena! Sinto-as
Deslizando no meu peito... Mas
Não te impressiones tampouco com as loucuras que eu
[*disser.*
Olha antes minhas mãos. São
Como pássaros sem ninho, precisam tanto, tanto
Ser aquecidas...Vem, amiga, vestida de noite; conta
A Fábula da Mãe-que-não-Veio. "— Olhe, meu anjo
Não se constranja, mas se você não puder sair sozinha
Comigo (figa! diz que pode, diz que pode!) *eu*
[*compreendo..."*
Amor! e já te amava tanto antes de amar-te" — Lembro
Tão bem de você, era março de 39, nós vínhamos
Pelo Boulervard des Italiens, você teria o quê? uns 16
17 anos..." (como uma jovem corça arisca

Ela era, olhava-me de lado, sorria
Apenas com as comissuras, era linda
Como um Maillol). *"Não, eu posso sim, acho que posso*
Não há mal nenhum, isso é Paris, você não acha?"
(Acho, meu anjo. Acho tudo o que você quiser. Acho que
[hoje
É Sexta-Feira da Paixão, e o Cristo não poderia ter
[*escolhido melhor dia*
Para morrer de amor por nós.)
"— É, é isso mesmo. Afinal de contas
Eu sou um velho amigo da família..." (Coisa linda
Vestida de noite, eu vou te amar tanto
Mas tanto que o meu amor será captado
Por todos os radares, e os radioamadores
De todo o mundo permanecerão em vigília
Para ouvir, banhados em lágrimas, pulsar o meu coração.)
[*Amada!*
Vamos comer camarões no "Stresa", "sauce tartare"? Depois
Pediremos "fraises du bois" que cobriremos com todo
[*o açúcar*
Que houver no açucareiro. "— Você gosta muito de açúcar?
De música? De ver cinema bem na frente? De
Filhinho? De silêncio?" (Então por que não saímos daqui
[agora mesmo
E convolamos?) *Ah, meu amor*
Que vontade de beijar as árvores noturnas! (enquanto
[busco
Acertar o meu passo pelo teu: coisa difícil
Porque te moves num mínimo de espaço). *969 Amiga*
Que te moves num mínimo de espaço, que graça
A tua! Como pode uma coisa tão pequena
Ser tão grande? Onde vão ter esses imensos infinitos
Que partem dos teus olhos? E qual é o nome
Do ar que te circunda? "Sous le Vent" de
Guerlain? Ah, não seja esta a dúvida... Virarei armador
Irei escolher sementes, flores, resinas

Nas mais inacessíveis ilhas, de cujo extrato
Criarei perfumes capazes de te matar de amor por mim.
["— Você
Gostaria de ouvir um bom jazzinho num clube privativo
De que sou sócio? É simpático... gente moça, boa música
Borboletas nas paredes. Há uma caixa
Só de espécimes do Brasil...Vamos?" (figa!)
"— É, podemos ir um instantinho, só não quero
Chegar tarde demais..." Amor!
Ao dançar senti teu rosto roçar o meu, minha boca
Aflorou tua pele, o meu beijo
Veio de longe, e o meu amor despenhou-se do vácuo
Como um negro sol incendido, varando milênios
De solidão e desencontro, recuperando
Infinitos perdidos, espaços
Abandonados, arrastando no seu vórtice
Astros sem luz, estrelas moribundas
Mundos sem amanhã.

*

Por isso, porque és só minha e eu sou só teu
É que eu não sou mais eu.
Foi bem mais que um milagre, vida minha...
Foi como a própria vida:

ACONTECEU.

Uma noite, dois anos antes, bêbado e desesperado, eu fora ter
[Pont Mirabeau...

Uma noite, em Pont Mirabeau
Fui me encontrar com Appolinaire
Como falamos de mulher
Como falamos de Rimbaud!
Não sei, mas alguém que me viu diz

Que eu tinha tomado muito uísque.
Sob a ponte corria o Sena
Como no poema do poeta
A água corria negra e inquieta
Como a vazar da minha pena.
Amar? Melhor morrer... Appo-
Linaire, pálido, concordou.

Merda! Merda! Três vezes Merda!
Vociferei para a cidade
Enquanto a réplica de pedra
Da Estátua da Liberdade
Perscrutava com um olhar frio
Paris à escuta em torno, e o rio.

— T'es dans un bien sâle état
Mon pauvre vieux. — Appolinaire
Disse para me consolar
Assim com um ar de quem não quer.
— Va te faire foutre! Tu m'emmerdes!
Respondi — e ele ficou verde.

E vomitei dentro do rio
A gargalhar do caporal
Que, os punhos cerrados, partiu
Num duro passo marcial
Enquanto duas mulheres, defronte
Vinham andando pela ponte.

Uma outra noite, perdido em Menilmontant, eu tivera a visão da miséria. Era um beco sem saída, um impasse, um cul-de-sac *estreito, fétido e perfeitamente* comme il faut.

Un cul-de-sac aux murs étroits,
Un p'tit chat noir que se promène,
Un vieux soulard que a de le veine

De se trouver coincé comme ça;
Une fenêtre qui s'entr'ouvre,
Une main qui sort et qui vide
Un jules tout plein dans le vide
Juste sur la tête du clochard.

Un chien qui fouille dans la poubelle,
Un chien qui aurait suivi Prévert,
Une putain qu'sent la vaisselle
Et qui aimerait prendre un verre;
Des voix de gens qui font l'amour
Et qui vachement en profitent,
Un monsieur du XVIème qui a peur
Et dont les pas s'en vont bien vite…
O cul-de-sac aux murs étroits
Combien des gens ressemblent à toi…
Combien y en a-t-il dans la rue
Qui sont des culs-de-sac qui puent…
Combien de grands dames aux grands airs
Combien de riches et gros bourgeois
Combien de hauts fonctionnaires
O cul-de-sac ressemblent à toi!

Mas uma tarde, reencontrado em Paris, as mais fundas feridas cicatrizando nos óleos do amor, eu tive a visão da Beleza. Era ela, Notre-Dame de Paris, a grande catedral, a cuja porta eu aguardava a minha amada, e que com braços maternais nos abrigava da multidão, isolava-nos no nosso mundo de ternura e tristeza. Ali, a dois passos, ficava a Rue St. Julien-le-Pauvre. Havia uma casa de chá de tipo inglês chamada The Tea-Cady:

Eu te levei ao "Tea-Cady"
Na Rue St. Julien-le-Pauvre
Very British *o "Tea-Cady"*
Na Rue St. Julien-le-Pauvre…

Veio tea, toast and marmelade
O my sweet Lady!

Um mês ocultamos ali
O nosso mágico impossível
Era tão belo tudo ali
Que parecia irremovível
Mas, ai, chegava sempre a hora
De ires embora.
Hoje, embora incréu, não me assombra
Saber que ter-te e ser feliz
Deve-se a havermos estado à sombra
De Notre-Dame de Paris
E a meu amor ter dez no exame
De Notre-Dame.

*

Eis por que não quero fechar esta reportagem lírica sobre a bem-amada cidade sem recitar-lhe uma oração a ela, a gloriosa Nossa Senhora de Paris, que Xangô meu pai há de proteger, são Jorge meu padrinho há de defender, e que há de viver para sempre na sua floresta gótica para abençoar os namorados de todo o mundo que se encontram em Paris e que vão ocultar na sua sombra a angústia de não poderem viver o próprio amor.

EM ALGUM LUGAR

COM MÚSICA DE CLAUDIO SANTORO

Deve existir
Eu sei que deve existir
Algum lugar onde o amor
Possa viver a sua vida em paz
E esquecido de que existe o amor
Ser feliz, ser feliz, bem feliz

ORAÇÃO A NOSSA SENHORA DE PARIS

Notre-Dame de Paris, Notre-Dame de Partout, rogai por mim, rogai por nós, os malferidos de amor, os feridos do doce langor, os que uivam à lua nas praias desertas do mundo, os que buscam um vagabundo num bar para falar da bem-amada, para não dizer nada só que ela é bonita, os que saem andando em campos de estrelas e de repente é uma rua deserta com um apartamento aceso que fica olhando o deambulante, o amante perdido, sem rumo e sem prumo, barco sozinho no meio do oceano lunar, é só olhar, lá está ela, a bem-amada dormindo no céu com os braços para cima, linda axila, macio feno, suave veneno de paixão, ó não, Nossa Senhora de Paris, Nossa Senhorazinha de Paris, rogai por mim porque a coisa está ruim, ela está longe eu sigo nessa névoa de luminosos astros e choro ao ver um rio que corre, uma estrela que morre, um mendigo que dorme, um cão que faz amor com uma cadela de olhos úmidos, túmidos seios, negro vórtex, meu amor, Notre-Dame de Paris, Notre-Dame de Partout, aqui estou eu, lembrai-vos, diante de vossa portada maior, o santo de cabeça cortada me espiando sofrer a angústia da espera vem não vem o homem me oferece cartões-postais de mulher nua pensa que eu sou americano eu sou é brasileiro do Rio de Janeiro onde mora minha amada numa colmeia a beira-parque fazendo há dois mil anos mel de amor com que adoçar todas as minhas mágoas, ó águas do Sena revoltas, minha amada está serena porque nós viemos de muito, muito, muito longe para nos encontrar, atravessamos os lagos da infância, cruzamos os desertos da adolescência, galgamos as montanhas da mocidade e aqui nesta cidade nos encontramos uma só vez, o mês era março, e nos reencontramos em abril novecentos e sessenta luas depois na Rue Pierre Charon e ela entrou pelos meus olhos, banhou-se no meu cristalino, acendeu-me a íris e postou-se como santa Luzia no nicho de minhas pupilas oferecendo-me os próprios olhos numa salva de prata e pôs-se a comer devagarinho minha cabeça enquanto eu não sabia o que lhe dissesse só pedia vem comigo vem comigo mas ela não podia porque não era o dia mas lá vem ela de táxi entrou na Île de la Cité, rodeou a praça, que graça é ela, vai saltar, não eu que vou com ela, adeus Notre-Dame de Paris, Notre-Dame de l'Amour, iluminai vossos vitrais, levantai âncora ó galera gótica dos meus martírios vossos santos aos remos o Corcunda no mais alto mastro Jesus na torre de comando e buscai serenamente o grande caudal no qual me abandono náufrago coberto de flores em demanda do abismo claro e indevassável da morte, Saravá!

MONTEVIDÉU, 1959

"COMO SE COMPORTAR NO CINEMA"
(A ARTE DE NAMORAR)

Poucas atividades humanas são mais agradáveis que o ato de namorar, e é sobre a arte de praticá-lo dentro dos cinemas que queremos fazer esta crônica. Porque constitui uma arte fazê-lo bem no interior de recintos cobertos, mormente quando se dispõe da vantagem de ambiente escuro propício. A tendência geral do homem é abusar das facilidades que lhe são dadas, e nada mais errado; pois a verdade é que namorando em público, além dos limites, perturba ele aos seus circunstantes, podendo atrair sobre si a curiosidade, a inveja e mesmo a ira daqueles que vão ao cinema sozinhos e pagam pelo direito de assistir ao filme em paz de espírito.

Ora, o namoro é sabidamente uma atividade que se executa melhor a coberto da curiosidade alheia. Se todos os frequentadores dos cinemas fossem casais de namorados, o problema não existiria, nem esta crônica, pois a discrição de todos com relação a todos estaria na proporção direta da entrega de cada um ao seu namoro específico. É o que acontece numa cidade altamente civilizada como Londres, onde num logradouro público chamado Hyde Park, os namorados se dispõem às centenas sobre a verde relva do estio, em enormes renques de casais extremamente dedicados a essas deliciosas velhacarias que constituem a cozinha do ato de namorar — tudo isso sobre a férrea proteção da lei. Sim, porque existe a passear de um lado para outro um enorme *policeman* inglês que fica ali imperturbável a ver que ninguém os perturbe em seus exaltados pegas, em beijos, juras e constantes desentendimentos.

Mas num cinema é diferente, sobretudo em cinemas construídos como o foram os nossos, sem a menor atenção arquitetônica ao problema dos namorados. De modo que, uma das coisas que os namorados [não] deveriam fazer é se enlaçar por sobre o ombro e juntar as cabeças. Isso atrapalha demais o campo visual dos que estão à retaguarda. Uma outra coisa a evitar são beijos por demais demorados, isto é, o *clinch*, porque o espetáculo de um beijo dado "na raça" passa a ter prioridade sobre o espetáculo na tela, e um "fã" pode perfeitamente perder o fio do assunto cinematográfico em virtude de um beijo real a se executar diante de seus olhos. Beijos no cinema devem ser dados com um ar casual e rápido, pois isso não só evita a permanência da curiosidade alheia — a gente abelhuda que fica "morando" o tempo todo no nosso namoro — como porque, afinal de contas, quem quer lutar *catch* deve mesmo é ir para as últimas filas de cima, onde em geral vale tudo.

Cochichar então, é uma grande falta de educação entre namorados no cinema. Nada perturba mais que o cochicho constante e embora eu saiba que isso é pedir muito dos namorados, é necessário que se contenham nesse ponto, porque afinal de contas aquilo não é casa deles.

Um homem pode fazer milhões de coisas — massagem no braço da namorada, cosquinha no seu joelho, festinha no rostinho delazinha; enfim, a grande maioria do trabalho de "mudanças" em automóveis não hidramáticos — sem se fazer notar e, consequentemente, perturbar aos outros a fruição do filme na tela. Porque uma coisa é certa: entre o namoro na tela — e pode ser até Clark Gable versus Ava Gardner — e o namoro no cinema, este é que é o real e positivo, o perturbador, o autêntico.

ÚLTIMA HORA, 27 DE NOVEMBRO DE 1951

A PERDIDA ESPERANÇA

De posse deste amor que é, no entanto, impossível
Este amor esperado e antigo como as pedras
Eu encouraçarei o meu corpo impassível
E à minha volta erguerei um alto muro de pedras.

E enquanto perdurar tua ausência, que é eterna
Por isso que és mulher, mesmo sendo só minha
Eu viverei trancado em mim como no inferno
Queimando minha carne até sua própria cinza.

Mas permanecerei imutável e austero
Certo de que, de amor, sei o que ninguém soube
Como uma estátua prisioneira de um castelo
A mirar sempre além do tempo que lhe coube.

E isento ficarei das antigas amadas
Que, pela lua cheia, em rápidas sortidas
Ainda vêm me atirar flechas envenenadas
Para depois beber-me o sangue das feridas.

E assim serei intacto, e assim serei tranquilo
E assim não sofrerei da angústia de revê-las
Quando, tristes e fiéis como lobas no cio
Se puserem a rondar meu castelo de estrelas.

E muito crescerei em alta melancolia
Todo o canto meu, como o de Orfeu pregresso
Será tão claro, de uma tão simples poesia
Que há de pacificar as feras do deserto.

Farto de saber ler, saberei ver nos astros
A brilharem no azul da abóbada no Oriente
E beijarei a terra, a caminhar de rastros
Quando a lua no céu contar teu rosto ausente.

Eu te protegerei contra o Íncubo
Que te espreita por trás da Aurora acorrentada
E contra a legião dos monstros do Poente
Que te querem matar, ó impossível amada!

PARIS, 1957

APELO

COM MÚSICA DE BADEN POWELL

Ah, meu amor não vás embora
Vê a vida como chora
Vê que triste esta canção
Ah, eu te peço não te ausentes
Porque a dor que agora sentes
Só se esquece no perdão

Ah, minha amada, me perdoa
Pois embora ainda te doa
A tristeza que causei
Eu te suplico não destruas
Tantas coisas que são tuas
Por um mal que já paguei

Ah, minha amada, se soubesses
Da tristeza que há nas preces
Que a chorar te faço eu
Se tu soubesses um momento
Todo o arrependimento
Como tudo entristeceu

Se tu soubesses como é triste
Eu saber que tu partiste
Sem sequer dizer adeus
Ah, meu amor, tu voltarias
E de novo cairias
A chorar nos braços meus

SE O AMOR QUISER VOLTAR

COM MÚSICA DE TOQUINHO

Se o amor quiser voltar
Que terei pra lhe contar
A tristeza das noites perdidas
Do tempo vivido em silêncio
Qualquer olhar lhe vai dizer
Que o adeus me faz morrer
E eu morri tantas vezes na vida
Mas se ele insistir
Mas se ele voltar
Aqui estou sempre a esperar

SAMBA DA VOLTA

COM MÚSICA DE TOQUINHO

Você voltou, meu amor
A alegria que me deu
Quando a porta abriu
Você me olhou
Você sorriu
Ah, você se derreteu
E se atirou
Me envolveu
Me brincou
Conferiu o que era seu

É verdade, eu reconheço
Eu tantas fiz
Mas agora tanto faz
O perdão pediu seu preço
Meu amor
Eu te amo e Deus é mais

BALADA DE SANTA LUZIA

AO AMIGO ALFREDO VOLPI

Na cela do seu convento
Vivia sóror Luzia
Como uma monja perfeita
Em penitência e cilício.

Seu constante sentimento
Era o da Virgem Maria
Que sem um mau pensamento
O Filho de Deus parira.

Mas era tanta a beleza
Dos grandes olhos que tinha
Imensos olhos parados
Da cor da paixão sombria
Que mesmo de olhar as monjas
Sóror Luzia se abstinha
Para não enrubescê-las
Quando seus olhos se tinham.

Ela própria, por modesta
A vista sempre retinha
Quando no poço do claustro
Seu rosto se refletia.

Luzia então se abraçava
Ao enorme crucifixo
Que do muro do seu quarto
Em tosco entalhe pendia
E com gemidos e queixas
A se ferir nos espinhos

Pedia ao Divino Esposo
Perdão dos olhos que tinha.

Era tão forte o momento
De suas próprias retinas
Que às vezes em seus transportes
Ela a si mesma se tinha
Sem saber mais se dava
A Ele, ou a ela, Luzia.

Mas Luzia não sabia
Nem sequer adivinhava
Que um belo moço existia
Que todo dia a espreitava
E que, por entre uma fenda
Que na pedra se rasgava
Ficava, ficava vendo
Luzia enquanto rezava.

E era tão grave a beleza
Dos olhos com que ela olhava
Que o amoroso cavalheiro
As mãos na pedra sangrava.

E em seu amor impotente
Pelos dois olhos que via
O cavalheiro demente
Ao muro quente se unia.

E a pedra ele possuía
Pelo que a pedra lhe dava
Da fugidia mirada
Do olhar de sóror Luzia.

Uma noite, em sua frente
A jovem monja depara

Com um cavalheiro embuçado
Que o alto muro galgara
E que ao vê-la, incontinente
Se ajoelha, descobre a cara
E desvairado e fremente
Loucamente se declara.

Seu olhar era tão quente
Tão fundo lhe penetrava
Que o de Luzia, temente
Desprender-se não ousava.

E seus olhos se tiveram
Tão no corpo e tão na alma
Que fraca e deliquescente
Luzia sentiu-se grávida.

Enquanto em seu desvario
O moço lhe declarava
O seu intento sombrio
De ali mesmo apunhalar-se
Caso Luzia não desse
O que ele mais desejava:
Os olhos que via em prece
Quando de fora a espiava.

Vai Luzia e reaparece
Esvoaçante em seu hábito
Trazendo com ar modesto
Pequena salva de prata.

E com mão segura e presta
Ao moço tira o punhal
E com dois golpes funestos
Arranca os olhos das caixas:
Seus grandes olhos tão belos

Que deposita na salva
E ao jovem fidalgo entrega
Num gesto lento e hierático.

O cavalheiro recua
Ao ver no rosto da amada
Em vez de seus olhos, duas
Crateras ensanguentadas.

E corre e galga a muralha
Em frenética escalada
Deixando cair do alto
Seu corpo desamparado
Sem saber que ao mesmo tempo
De paixão desfigurada
Ao seu Senhor ciumento
Santa Luzia se dava.

RIO, MAIO DE 1972

SONETO DE MONTEVIDÉU

Não te rias de mim, que as minhas lágrimas
São água para as flores que plantaste
No meu ser infeliz, e isso lhe baste
Para querer-te sempre mais e mais.

Não te esqueças de mim, que desvendaste
A calma ao meu olhar ermo de paz
Nem te ausentes de mim quando se gaste
Em ti esse carinho em que te esvais.

Não me ocultes jamais teu rosto; dize-me
Sempre esse manso adeus de quem aguarda
Um novo manso adeus que nunca tarda

Ao amante dulcíssimo que fiz-me
À tua pura imagem, ó anjo da guarda
Que não dás tempo a que a distância cisme.

MONTEVIDÉU, 1959

SONETO DO AMOR COMO UM RIO

Este infinito amor de um ano faz
Que é maior do que o tempo e do que tudo
Este amor que é real, e que, contudo
Eu já não cria que existisse mais.

Este amor que surgiu insuspeitado
E que dentro do drama fez-se em paz
Este amor que é o túmulo onde jaz
Meu corpo para sempre sepultado.

Este amor meu é como um rio; um rio
Noturno, interminável e tardio
A deslizar macio pelo ermo

E que em seu curso sideral me leva
Iluminado de paixão na treva
Para o espaço sem fim de um mar sem termo.

MONTEVIDÉU, 1959

O ESPECTRO DA ROSA

Juntem-se vermelho
Rosa, azul e verde
E quebrem o espelho
Roxo para ver-te

Amada anadiômena
Saindo do banho
Qual rosa morena
Mais chá que laranja.

E salte o amarelo
Cinzento de ciúme
E envolta em seu chambre

Te leve castanha
Ao branco negrume
Do meu leito em chamas.

MONTEVIDÉU, 1959

TEU NOME

Teu nome, Maria Lúcia
Tem qualquer coisa que afaga
Como uma lua macia
Brilhando à flor de uma vaga.
Parece um mar que marulha
De manso sobre uma praia
Tem o palor que irradia
A estrela quando desmaia.
É um doce nome de filha
E um belo nome de amada
Lembra um pedaço de ilha
Surgindo de madrugada.
Tem um cheirinho de murta
E é suave como a pelúcia
É acorde que nunca finda
É coisa por demais linda
Teu nome, Maria Lúcia...

MONTEVIDÉU, 29.9.1958

RETRATO DE MARIA LÚCIA

Tu vens de longe; a pedra
Suavizou seu tempo
Para entalhar-te o rosto
Ensimesmado e lento

Teu rosto como um templo
Voltado para o oriente
Remoto como o nunca
Eterno como o sempre

E que subitamente
Se aclara e movimenta
Como se a chuva e o vento

Cedessem seu momento
À pura claridade
Do sol do amor intenso!

MONTEVIDÉU, 1959

SONETO DA ESPERA

Aguardando-te, amor, revejo os dias
Da minha infância já distante, quando
Eu ficava, como hoje, te esperando
Mas sem saber ao certo se virias.

E é bom ficar assim, quieto, lembrando
Ao longo de milhares de poesias
Que te estás sempre e sempre renovando
Para me dar maiores alegrias.

Dentro em pouco entrarás, ardente e loura
Como uma jovem chama precursora
Do fogo a se atear entre nós dois

E da cama, onde em ti me dessedento
Tu te erguerás como o pressentimento
De uma mulher morena a vir depois.

RIO, ABRIL DE 1963

SONETO DE LUZ E TREVA

PARA A MINHA GESSE, E PARA QUE
ILUMINE SEMPRE A MINHA NOITE

Ela tem uma graça de pantera
No andar bem-comportado de menina.
No molejo em que vem sempre se espera
Que de repente ela lhe salte em cima.

Mas súbito renega a bela e a fera
Prende o cabelo, vai para a cozinha
E de um ovo estrelado na panela
Ela com clara e gema faz o dia.

Ela é de capricórnio, eu sou de libra
Eu sou o Oxalá velho, ela é Inhansã
A mim me enerva o ardor com que ela vibra

E que a motiva desde de manhã.
— Como é que pode, digo-me com espanto
A luz e a treva se quererem tanto...

ITAPUÃ, 8.12.1971

UM POEMA-CANÇÃO
DE AMOR DESESPERADO

Cuerpo de mujer, blancas colinas, muslos blancos
Te pareces al mundo em tu actitud de entrega
De coordenadas tais e horizontes tão grandes
Que assim, imersa em amor, es uma Atlântida!
Como todas las cosas están llenas de mi alma
Emerges de las cosas llenas del alma mía.
E ponho-me a cismar... — mulher, como te expandes
Que imensa és tu! — maior que o mar, maior que
[a infância!
Cielo desde um navio, campo desde los cerros
Onde, a nudez vestida só de lua branca
Eu ia mergulhar minha face já triste.
Pero cae la hora de la venganza, y te amo
Cuerpo de piel, de musgo, de leche ávida y firme.
Como o mar ao penhasco onde se atira insano
E onde a bramir se aplaca e ao qual retorna sempre.
(Ya no la quiero, es certo, pero tal vez la quiero
Es tan corto elo amor, y es tan largo el olvido.)
Fuy tuyo, fuiste mía. Tu serás del que te ame
Del que corte em tu huerto lo que he sembrado yo.
Mas eu te possuirei mais que ninguém porque poderei
[partir
Num amor cheio de renúncia. Yo no lo quiero
Amada, para que nada nos amarre, que no nos una nada.
Eu deixarei que morra em mim o desejo de amar os teus
[olhos que são doces
Porque nada te poderei dar senão a mágoa de me veres
[eternamente exausto.
Fuy tuyo, fuiste mía. Que más? Juntos hicimos
Um recodo en la ruta donde el amor pasó.

Meu sonho, eu te perdi, tornei-me em homem.
O verso que mergulha o fundo de minha alma
É simples e fatal, mas não traz carícia.

Confesso que me canso de ser hombre.
O que sou eu senão um grande sonho obscuro em face
[do Sonho
Senão uma grande angústia obscura em face da Angústia?

Puedo escribir los versos más tristes esta noche...

ITAPUÃ, 30.10.1973

SONETO DE MARTA

Teu rosto, amada minha, é tão perfeito
Tem uma luz tão cálida e divina
Que é lindo vê-lo quando se ilumina
Como se um círio ardesse no teu peito

E é tão leve teu corpo de menina
Assim de amplos quadris e busto estreito
Que dir-se-ia uma jovem dançarina
De pele branca e fina, e olhar direito

Deverias chamar-te Claridade
Pelo modo espontâneo, franco e aberto
Com que encheste de cor meu mundo escuro

E sem olhar nem vida nem idade
Me deste de colher em tempo certo
Os frutos verdes deste amor maduro.

RIBEIRÃO PRETO, 5.6.1975

PARÁBOLA DO HOMEM RICO

Todos são poetas à sua maneira, mas é bem possível que, se todos o fossem realmente, não houvesse mais lugar para a poesia. Porque a poesia é a amante espiritual dos homens, aquela com quem eles traem a rotina do cotidiano. A poesia restitui-lhes o que a vida prática lhes subtrai: a capacidade de sonhar. O desgaste físico e moral imposto pelo exercício das profissões, em que o ser humano deve despersonalizar-se ao máximo para atingir um índice ideal de eficiência — eis a grande arma da poesia. Depois que o banqueiro passa o dia manipulando o jogo de interesses do seu banco, vem a poesia e, na forma de um beijo de mulher, diz-lhe que o amor é menos convencional que o dinheiro. Ou o bancário, que passa o dia depositando e calculando o dinheiro alheio, ao ver chegar a depositária grã-fina, linda e sofisticada, sonha em tornar-se um dia banqueiro. E fazendo-o, invade o campo da poesia. Pois tudo é fantasia. Cada ação provoca um sonho que lhe é imediatamente contrário. Tal é a dinâmica da vida, e sem ela a poesia não teria vez.

Isso me faz lembrar certa noite em Paris, num jantar com meus amigos Marie-Paule e Jean-Georges Rueff, em companhia de um grande comerciante francês, um homem super-rico, dono de um dos maiores supermercados da França, superviajado, superlindo e casado com uma mulher superlinda. Nós nos havíamos conhecido alguns anos antes, em Estrasburgo, onde ele e os Rueff então moravam, e um pilequinho em comum nos havia aproximado, depois de um *papo* de coração aberto que nos levou até a madrugada. O assunto agora era o mesmo, a poesia, e o nosso prezado homem rico, depois de discutirmos um pouco a extraordinária vida desse jovem gênio que foi o poeta Jean-Arthur Rimbaud, fez-nos ver que não há casamento possível entre o Grande Lírico e o Grande Empresário: ou se é uma coisa, ou se é outra. O verdadeiro homem de empresa ao mesmo tempo inveja e despreza o poeta, uma vez que não se pode preocupar além dos limites com as palavras da poesia. Elas são, para ele, o reverso da medalha: o ouro impalpável. E como as mulheres — dizia-me ele ao lado da sua — são seres devorados de lirismo, sobretudo no amor, o capitalista tinha que pagar seu preço ao artista: e esse preço, via de regra, era a própria mulher.

— Elas ficam conosco porque nós representamos poder aquisitivo, podemos dar-lhes as coisas de que necessitam para ficarem mais sedutoras, terem mais disponibilidade para cuidar da própria beleza. Mas essa beleza, elas a entregam a vocês, os artistas. No fundo, as mulheres nos odeiam. O que não impede que vocês sejam todos gigolôs do capitalismo.

Ponderei-lhe que já conheci vários homens de empresa que tinham *passado na cara* mulheres de artistas, mas o nosso prezado homem rico não se deixou perturbar e me disse assim:

— É porque não se tratava de artistas verdadeiramente grandes e puros. Seriam, provavelmente, contrafações. As mulheres sentem. As mulheres só abandonam um iate em Saint-Tropez por um apartamentozinho na Rive Gauche à base do amor integral. E esse amor, só o artista verdadeiramente puro pode dar. Nós, os grandes empresários, temos um outro tipo de pureza. O nosso maior amor é o dinheiro e, através do dinheiro, o poder. A mulher vem na onda.

— Eu conheci e era amigo — ponderei-lhe — de um grande poeta que foi também um grande homem de negócios.

— Grande mesmo? Duvido. Esse tipo de dualidade cria uma profunda infelicidade pessoal. Não se serve ao Deus e ao Diabo ao mesmo tempo.

Admirei-lhe, não sem uma certa sensação de desconforto, a franqueza e honestidade — ele, um belo homem, em plena força de seus quarenta anos, ao lado de sua mulher extraordinariamente linda, com um solitário no anular quase tão grande quanto um ovo de codorna, a nos escutar com uma atenção diligente. Fechado o restaurante, resolvemos *esticar* na boate New Jimmy's. O nosso prezado homem rico fez uma grande volta para passar diante do seu empório, a fim de ministrar-me uma aula: todo um quarteirão de supermercado, com três pavimentos servidos por escadas rolantes e centenas de vendedores e vendedoras com ordens expressas de serem simpáticos, mas impessoalmente, nunca além do limite, de modo a não retardar com conversas ou excessos de cortesia o fluxo incessante das compras.

— Eu tenho uma média de três a cinco pessoas que são presas diariamente pela minha polícia, por furto de objetos. Em geral, depois de pregar-lhes um susto, eu os deixo ir.

Depois, na direção do seu Rolls-Royce, cujo chofer dispensara, tirou do bolso do paletó a cigarreira de prata e com gestos precisos acendeu um cigarro e, olhando-me pelo espelhinho da direção, me perguntou com uma voz que não permitia réplica:

— Não é uma beleza, poeta?

RIO, 19-20.10.1969

GILDA

COM MÚSICA DE TOQUINHO

Nos abismos do infinito
Uma estrela apareceu
E da terra ouviu-se um grito
Gilda, Gilda
Era eu, maravilhado
Ante a sua aparição
Que aos poucos fui levado
Nos véus de um bailado
Pela imensidão
Aos caprichos do seu rastro
Como um pobre astro
Morto de paixão

Gilda, Gilda
Gilda e eu

E depois nós dois unidos
Como Eurídice e Orfeu
Fomos sendo conduzidos
Gilda e eu
Pelas mágicas esferas
Que se perdem pelo céu
Em demanda de outras eras
Velhas primaveras
Que o tempo esqueceu
Pelo espaço que nos leva
Pela imensa treva
Para as mãos de Deus

Gilda, Gilda
Gilda e eu

ANOITECEU

COM MÚSICA DE FRANCIS HIME

A luz morreu
O céu perdeu a cor
Anoiteceu
No nosso grande amor

Ah, leva a solidão de mim
Tira esse amor dos olhos meus
Tira a tristeza ruim do adeus
Que ficou em mim, que não sai de mim

Pelo amor de Deus
Vem suavizar a dor
Dessa paixão que anoiteceu
Vem e apaga do corpo meu
Cada beijo seu
Porque foi assim
Que ela me enlouqueceu
Fatal
Cruel, cruel demais

Mas não faz mal
Quem ama não tem paz

LUZES DA CIDADE: O GRANDE AMOROSO

Vós, cidadãos homens, representantes de um mundo a que governais e de uma civilização a que destes forma; homens de todas as classes e profissões, que fazeis governos e os derrubais, que criais culturas e as deitais por terra, que fabricais guerras e morreis nelas, que vindes crescendo e vos aprimorando — ser heroico a perseguir a Lua desde a treva das origens; vós, homens do tempo, criaturas solitárias incapazes de solidão, donos da criação e escravos de vós mesmos; vós, inventores do tédio e do ressentimento, portadores da verdade e da mentira absolutas, perseguidos da tristeza, de alegria precária e efêmera, sempre contingenciados pelo vosso limite a que, no entanto, não aceitais...

Vós que sufocais a mulher, que a mantendes com pulso de ferro no nível que gostais de chamar "a sua inferioridade física e intelectual"; vós que amais a mulher nas suas algemas, porque temeis a sua liberdade para amar; vós que, porque temeis a realidade da mulher, a desprezais e maltratais, e porque a desprezais recebeis em paga o artifício e a traição...

Vós, homens que não sabeis mais amar — ide ver amar Carlitos. É tal a sua devoção pela mulher amada que decerto isso vos tocará o coração. Seu abandono ao encanto da presença da amada é tão grande que, estou seguro, isso vos envergonhará da vossa reserva. Seu préstimo é tão válido sempre que se trata de proteger a mulher amada, que, não há dúvida, isso vos fará sentir pequenos em vossa indiferença e egoísmo.

Carlitos ama a mulher amada desde que a vê e, quando nota que ela não pode vê-lo, na escuridão de sua cegueira sem amargura, não a ama melhor porque seu amor tem um fundo de bondade. Carlitos a ama porque ela é uma mulher, um ser genuíno e belo, e talvez um pouco porque ela o cria, em sua treva, à imagem do que ele gostaria de ser. Ele vem, pé ante pé, sentar-se ao seu lado, e se perde em sua contemplação até que ela o acorde com um jato d'água na cara, provindo do vaso que lava. Seu amor é feito de sonho, sim; mas nunca perde contato com o real. A realidade está sempre presente para humanizar a exaltação e o sonho. Ele lhe compra flores com o último níquel que possui, leva-lhe presentes capazes de lhe minorar a necessidade — um pato depenado, umas frutas, uma couve-flor: mas não deixará tampouco que a realidade retire à vida o seu elemento de poesia — colocará a couve-flor à lapela, num gesto que revela não só o seu sentimento de elegância como o seu profundo senso de humor e a sua imensurável bondade. Ele procura distrair sempre a mulher amada da solidão em que a mergulha a sua cegueira. Ser fragílimo, vai lutar boxe para poder pagar-lhe o aluguel vencido, e o faz com um medo que é a maior coragem do mundo. Arrosta conscientemente a prisão para que ela possa ser operada dos olhos — e nos apresenta, ao sair do cárcere, uma imagem de si mesmo que é a própria estátua da miséria e do desconsolo.

No final, ao reencontrá-la já curada, dona de uma pequena loja de flores no eterno canto de rua do filme, passa pelo vexame de ser humilhado e ofendido à vista da mulher amada por uns garotos jornaleiros que sempre o perseguem. E, quando a vê, seu olhar traduz uma tal ternura, que aquilo toca o coração da jovem, e ela lhe oferece uma moeda e uma flor.

Ele aceita, de longe, com medo de tocar a mulher amada, a flor que ela lhe estende. Mas, ao depositar-lhe a moeda na mão, ela o reconhece pelo tato. "É você?...", diz ela no auge da piedade e sofrimento de quem vê todo o seu sonho de Cinderela ruir por terra.

O olhar final que Carlitos lhe dá — de amor, temor, esperança e humildade totais — não é apenas um dos maiores momentos da arte de todos os tempos: é também uma mensagem, de que a vida não termina ali, de que ela segue sempre seu doloroso curso, com o sonho e a realidade eternamente abraçados, a aumentar a perplexidade dos homens e a desafiá-los a descobrir a verdadeira fórmula da vida.

1951

DO AMOR AOS BICHOS

Quem, dentre vós, já não teve vontade de ver um passarinho lhe vir pousar na mão? Quem já não sentiu a adorável sensação da repentina falta de temor de um bicho esquivo? A cutia que, num parque, faz uma pose rápida para o fotógrafo — em quem já não despertou o impulso de lhe afagar o dorso tímido? Quem já não invejou Francisco de Assis em suas pregações aos cordeirinhos da Úmbria? Quem já não sorriu ao esquilo quando o animalzinho volta-se curioso para nos mirar? Quem já não se deliciou ao contato dulcíssimo de uma pomba malferida, a tremer medrosa em nossa palma?

Eis a razão por que, semanal leitor, hoje te quero falar do amor aos bichos. Não do amor de praxe aos cachorros, dos quais se diz serem os maiores amigos do homem; nem do elegante amor aos gatos, que gostam mais da casa que do dono, conforme reza o lugar-comum. Quero falar-te de um certo inefável amor a animais mais terra a terra, como as galinhas e as vacas. Diremos provisoriamente basta ao amor ao cavalo, que é, fora de dúvida, depois da mulher, o animal mais belo da Criação. Pois não quero, aqui neste elogio, deixar levar-me por considerações éticas ou estéticas, mas apenas por um critério de humanidade. E, sob este aspecto, o que não vos poderia eu dizer sobre as galinhas e as vacas! Excelsas galinhas, nobres vacas nas quais parece dormir o que há de mais telúrico na natureza... Bichos simples e sem imaginação, o que não vos contaria eu, no entanto, sobre a sua sapiência, a sua naturalidade existencial...

Confesso não morrer de amores pelos bichos chamados engraçadinhos, ou melhor, não os levar muito em conta:

porque a verdade é que amo todos os bichos em geral; nem pelos demasiado relutantes ou maníacos-depressivos, tais os veados, os perus e as galinhas-d'angola. Mas olhai uma galinha qualquer ciscando num campo, ou em seu galinheiro: que feminilidade autêntica, que espírito prático e, sobretudo, que saúde moral! Eis ali um bicho que, na realidade, ama o seu clã; vive com um fundo sentimento de permanência, malgrado a espada de Dâmocles que lhe pesa permanentemente sobre a cabeça, ou por outra, o pescoço; e reluta pouco nas coisas do amor físico. Soubessem as mulheres imitá-las e estou certo viveriam bem mais felizes. E põem ovos! Já pensastes, apressado leitor, no que seja um ovo: e, quando ovo se diz, só pode ser de galinha! É misterioso, útil e belo. Batido, cresce e se transforma em omelete, em bolo. Frito, é a imagem mesma do sol poente: e que gostoso! Pois são elas, leitor, são as galinhas que dão ovos e — há que convir — em enormes quantidades. E a normalidade com que praticam o amor?... A natureza poligâmica do macho, que é aparentemente uma lei da Criação, como é bem-aceita por essa classe de fêmeas! Elas se entregam com a maior simplicidade, sem nunca se perder em lucubrações inúteis, dramas de consciência irrelevantes ou utilitarismos sórdidos, como acontece no mundo dos homens. E tampouco lhes falta lirismo ou beleza, pois muito poéticas põem-se, no entardecer, a cacarejar docemente em seus poleiros; e são belas, inexcedivelmente belas durante a maternidade.

Assim as vacas, mas de maneira outra. E não seria à toa que, a mais de tratar-se de um bicho contemplativo, é a vaca uma legítima força da natureza — e de compreensão mais sutil que a galinha, por isso que nela intervêm elementos espirituais autênticos, como a meditação filosófica e o comportamento plástico. De fato, o que é um campo sem vacas senão mera paisagem? Colocai nele uma vaca e logo tereis, dentro de concepções e cores diversas, um Portinari ou um Segall. A "humanização" é imediata: como que se cria uma ternura ambiente. Porque doces são as vacas em seu constante ruminar, em sua santa paciência e em seu jeito de olhar para trás, golpeando o ar com o rabo.

Bichos fadados, pela própria qualidade de sua matéria, à morte violenta, impressiona-me nelas a atitude em face da vida. São generosas, pois vivem de dar, e dão tudo o que têm, sem maiores queixas que as do trespasse, transformando-se num número impressionante de utilidades, como alimentos, adubos, botões, bolsas, palitos, sapatos, pentes e até tapetes — pelegos — como andou em moda. Por isso sou contra o uso de seu nome como insulto. Considero essa impropriedade um atentado à memória de todas as galinhas e vacas que morreram para servir ao homem. Só o leite e o ovo seriam motivo suficiente para se lhes erguer estátua em praça pública. Nunca ninguém fez mais pelo povo que uma simples vaca que lhe dá seu leite e sua carne, ou uma galinha que lhe dá seu ovo. E se o povo não pode tomar leite e comer carne e ovos diariamente, como deveria, culpem-se antes os governos, que não os sabem repartir como de direito. E abaixo os defraudadores e açambarcadores que deitam água ao leite ou vendem o ovo mais caro do que custa ao bicho pô-lo!

E, uma vez dito isto, caiba-me uma consideração final contra os bichos prepotentes, sejam eles nobres como o leão ou a águia, ou furbos como o tigre ou o lobo: bichos que não permitem a vida à sua volta, que nasceram para matar e aterrorizar, para causar tristeza e dano; bichos que querem campear, sozinhos, senhores de tudo, donos da vida; bichos ferozes e egoístas contra o povo dos bichinhos humildes, que querem apenas um lugar ao sol e o direito de correr livremente em seus campos, matas e céus. Para vencê-los que se reúnam todos os outros bichos, inclusive os domésticos "mus" e "cocoricós", porque, cacarejando estes, conglomerando-se aqueles em massa pacífica mas respeitável, não prevalecerá contra eles a garra do tigre ou o dente do lobo. Constituirão uma frente comum intransponível, a dar democraticamente leite e ovos em benefício de todos, e destemerosa dos rugidos da fera. Porque uma fera é em geral covarde diante de uma vaca disposta a tudo.

1965

BARRA LIMPA

E como as páginas dos jornais estivessem mais sujas de sangue que as que embrulham o peso de carne nos açougues, eu resolvi desligar e buscar um pouco de beleza no mundo. Olhei minha nova casa em torno, toda caiada de branco, modesta em seu recolhimento, e os belos arraiolos no piso de tábuas, e fui espiar meu escritório ainda incompleto, pintado de amarelo-acácia, e vi minha mesa de trabalho com a Smith Corona em posição de sentido e o maço de folhas quadriculadas à minha espera para o artigo, o poema, a canção. À esquerda, o *Pequeno dicionário*, de mestre Aurélio, o tubo plástico de cola-tudo, a caixa de clipes e o copinho de couro ornado em cobre com as esferográficas e os lápis prontos para tudo. Pedi um café e sentei-me, tomado de grande paz. Vinha daquele ambiente um silêncio tão antigo; aquela casa era a tal ponto a representação de outras em que eu nunca tinha estado — como o reflexo ao infinito de uma imagem num espelho — que eu poderia dizer naquele instante como viviam e pensavam os homens mais remotos no tempo. Foi então que vi, através da janela, a pedra dos Dois Irmãos, na luz pura da manhã na Gávea; e ela estava de tal modo precisa em seus contornos, tão íntegra em sua estrutura milenar, que sorri para ela e ela me correspondeu sensível à onda de percepção que eu irradiava.

Senti como se estivesse nascendo naquele momento. Uma vida nova, passada a limpo, me esperava em direção a um Norte mais nítido, a uma morte mais próxima e sem alternativa. Mas aquela casa me protegia, e dentro dela uma mulher se esforçava por me fazer feliz. Aquelas folhas de papel me esperavam também, intocadas, e era minha obrigação escurecê-las de ideias, histórias, sortilégios capazes, talvez, de fazer alguém parar no seu cotidiano e se pôr a sonhar. Era bela a minha missão. "E sou um poeta", pensei, "um homem dotado de um dom mágico com relação às palavras; a bem dizer, um encantador de palavras, com a habilidade de ordená-las no seu caos e fazê-las significar, torná-las cruéis, pungentes, desesperadas, ou boas, úteis, generosas; com o poder de interpretar para alguém o milagre de um sentimento ignorado; de dar expressão ao inexprimível; de associar ideias, cores, sons aparentemente contrastantes; de emprestar sentido e beleza ao terrível paradoxo da vida..." E senti como nunca dantes a necessidade de uma disciplina física e mental que pudesse ajudar meu corpo a tornar-se cada dia mais apto para usufruir, meu espírito mais lúcido para receber, meu coração mais simples para dar.

Pensei em seres lindos semeados ao longe do meu caminho, que comeram o pão que o diabo amassou, e nem por isso se deixaram envenenar pelo ressentimento; pelo contrário, a cada sofrimento vivido pareciam crescer em consciência, amor e perdão — e como que deles emanava uma paz. Pensei que alguns desses seres já se foram, transpuseram o muro do silêncio, e suas imagens, fixadas na eternidade, continuam a transmitir-me esse recado de perdão. Perdoar... Transcender o efêmero de cada sentimento, de cada ressentimento, e tentar compreender o ser humano em sua fragilidade, em sua transitoriedade e inabilidade intrínseca para demarcar os limites de sua solidão; em sua inútil e permanente mania de viver esbanjando a própria morte: a única coisa de que é realmente possuidor. Ah, que conquista tão bela, a do perdão... — e não o perdão autocomplacente; mas o perdão punitivo, o que responsabiliza aquele que perdoa, como o de Sócrates com seus juízes, o de Cristo com a adúltera, o da mulher que ama com o homem que acabou de traí-la. O amor que transcende.

Que seres difíceis de digerir se tornaram os cosmonautas, em seu mundo mecânico e pasteurizado... Tomara que tenham êxito em sua badalação cósmica, que nos tragam, de preferência, antibióticos contra a guerra e não vírus contra a paz, que possam olhar o espaço invertido, com perdão da palavra, em noite de terra cheia, e ver também, como nós vemos de cá, o Santo Guerreiro vencendo o Dragão da Maldade — que já não é sem tempo! E sobretudo que ao voltarem — e faço votos do fundo do meu coração — não comecem com muitas explicações cibernéticas quando ouvirem Frank Sinatra ou Ella Fitzgerald cantar velhas baladas como "Blue Moon" e outras do mesmo lunário em louvor da outrora bela e mágica Silene, a que apaixonou Endimião, e a quem tudo o que se pode dizer hoje em dia é que não lhe cairia mal um *face peeling*. Porque, ou muito me engano, ou uma grande onda romântica deve vir por aí, em contagem regressiva, em reação aos *pops & ops*, *hips & trops*, *concs & struts*, de que já está todo o mundo cheio.

Depois de todas essas considerações, umas pertinentes, outras ímpar, peguei meu carro e fui até a Barra, visitar um antigo cosmonauta: meu amigo Zanine. Zanine é um construtor terrestre, no mais amplo sentido da palavra, isto é, não apenas de casas, mas de sua própria vida. Gosta de fazer tudo com as mãos, ou orientando as de seus obreiros como se fossem o prolongamento das suas. Ele ama a terra, a pedra, a areia, a água, o barro cozido, a madeira nua, a cal branca, o ferro batido, a mulher baiana. É um artista no que planeja como visão de conjunto, e um artesão na pureza e simplicidade do que faz — com tudo o que essa palavra contém de beleza e sensualidade. Fórmica com ele não tem vez. Zanine acabou de construir uma bela casa — a *sua* casa — onde mora com a mulher e a filhinha, a alto cavaleiro do mar: um marzão que é uma bestialidade, povoado de ilhas toscas e peixes ferozes. O crepúsculo que Zanine me ofereceu esse dia,

244

naquele horizonte imenso, era de dar vontade de ter asas. Aliás, voavam por ali tudo balõezinhos de julho, retardatários, que por não serem impulsionados por nenhum foguete — no que muito bem obravam — acabaram por cair no mar, em obediência a uma antiga lei de física, qual seja a da gravidade dos corpos, que, diga-se de passagem, qualquer dia é bem capaz de fazer uma falseta a um desses cosmonautas que teimam em desrespeitá-la.

Para mim não há nada mais inocente que essas revistas pseudoeróticas que andam por aí. As moças nuas, em off-set, parecem-me de tal modo cândidas, malgrado o esforço em contrário dos fotógrafos, que para mim constituem verdadeiros *breves* contra a luxúria. Já o mesmo não pode ser dito da natureza: pelo menos tal como ela se me oferecia, do voltar da Barra. Pois imaginem que ao olhar o céu rubro do crepúsculo (eu diria melhor: ruborizado!) constatei, nada mais, nada menos — veja só! — que a tarde estava com a Lua toda de fora...

RIO, 13-14.7.1969

SE TODOS FOSSEM IGUAIS A VOCÊ

COM MÚSICA DE TOM JOBIM

Vai tua vida
Teu caminho é de paz e amor
A tua vida
É uma linda canção de amor
Abre teus braços e canta a última esperança
A esperança divina de amar em paz

Se todos fossem iguais a você
Que maravilha viver
Uma canção pelo ar
Uma mulher a cantar
Uma cidade a cantar
A sorrir, a cantar, a pedir
A beleza de amar
Como o sol, como a flor, como a luz
Amar sem mentir, nem sofrer
Existiria a verdade
Verdade que ninguém vê
Se todos fossem no mundo iguais a você

A HORA ÍNTIMA

Quem pagará o enterro e as flores
Se eu me morrer de amores?
Quem, dentre amigos, tão amigo
Para estar no caixão comigo?
Quem, em meio ao funeral
Dirá de mim: — Nunca fez mal...
Quem, bêbedo, chorará em voz alta
De não me ter trazido nada?
Quem virá despetalar pétalas
No meu túmulo de poeta?
Quem jogará timidamente
Na terra um grão de semente?
Quem elevará o olhar covarde
Até a estrela da tarde?
Quem me dirá palavras mágicas
Capazes de empalidecer o mármore?
Quem, oculta em véus escuros
Se crucificará nos muros?
Quem, macerada de desgosto
Sorrirá: — Rei morto, rei posto...
Quantas, debruçadas sobre o báratro
Sentirão as dores do parto?
Qual a que, branca de receio
Tocará o botão do seio?
Quem, louca, se jogará de bruços
A soluçar tantos soluços
Que há de despertar receios?
Quantos, os maxilares contraídos
O sangue a pulsar nas cicatrizes
Dirão: — Foi um doido amigo...

Quem, criança, olhando a terra
Ao ver movimentar-se um verme
Observará um ar de critério?
Quem, em circunstância oficial
Há de propor meu pedestal?
Quais os que, vindos da montanha
Terão circunspecção tamanha
Que eu hei de rir branco de cal?
Qual a que, o rosto sulcado de vento
Lançará um punhado de sal
Na minha cova de cimento?
Quem cantará canções de amigo
No dia do meu funeral?
Qual a que não estará presente
Por motivo circunstancial?
Quem cravará no seio duro
Uma lâmina enferrujada?
Quem, em seu verbo inconsútil
Há de orar: — Deus o tenha em sua guarda.
Qual o amigo que a sós consigo
Pensará: — Não há de ser nada...
Quem será a estranha figura
A um tronco de árvore encostada
Com um olhar frio e um ar de dúvida?
Quem se abraçará comigo
Que terá de ser arrancada?
Quem vai pagar o enterro e as flores
Se eu me morrer de amores?

RIO, 1950

CONSOLAÇÃO

COM MÚSICA DE BADEN POWELL

Se não tivesse o amor
Se não tivesse essa dor
E se não tivesse o sofrer
E se não tivesse o chorar
Melhor era tudo se acabar
Melhor era tudo se acabar

Eu amei, amei demais
O que sofri por causa do amor
Ninguém sofreu
Eu chorei, perdi a paz
Mas o que eu sei
É que ninguém nunca teve mais
Mais do que eu

ANFIGURI

Aquilo que eu ouso
Não é o que quero
Eu quero o repouso
Do que não espero.

Não quero o que tenho
Pelo que custou
Não sei de onde venho
Sei para onde vou.

Homem, sou a fera
Poeta, sou um louco
Amante, sou pai.

Vida, quem me dera...
Amor, dura pouco...
Poesia, ai!...

RIO, 1965

O VERBO NO INFINITO

Ser criado, gerar-se, transformar
O amor em carne e a carne em amor; nascer
Respirar, e chorar, e adormecer
E se nutrir para poder chorar

Para poder nutrir-se; e despertar
Um dia à luz e ver, ao mundo e ouvir
E começar a amar e então sorrir
E então sorrir para poder chorar.

E crescer, e saber, e ser, e haver
E perder, e sofrer, e ter horror
De ser e amar, e se sentir maldito

E esquecer tudo ao vir um novo amor
E viver esse amor até morrer
E ir conjugar o verbo no infinito...

RIO, 1960

QUEM ÉS

COM MÚSICA DE SÉRGIO ENDRIGO

Quem és tu
Quem és
Serás a sombra que me espera
Ou és a breve primavera
A mariposa que se pousa
E que se vai

Quem és, amor
Que me surgiste como a cor no mundo triste
Ou como o verso imprescindível que revela
E que se vai

Me deixaste provar de uma alegria
Que eu não sabia mais
A súbita poesia de um único verão

Me deixaste saber que ainda existe o som
De uma canção
A paz sem nostalgia
O amor sem solidão

Amor, quem és
Que penetraste o meu silêncio
Com teus pés tão frágeis
Ah, pudesse eu saber
Um dia finalmente
Quem és

SONETO DA HORA FINAL

Será assim, amiga: um certo dia
Estando nós a contemplar o poente
Sentiremos no rosto, de repente
O beijo leve de uma aragem fria.

Tu me olharás silenciosamente
E eu te olharei também, com nostalgia
E partiremos, tontos de poesia
Para a porta de treva aberta em frente.

Ao transpor as fronteiras do Segredo
Eu, calmo, te direi: — Não tenhas medo
E tu, tranquila, me dirás: — Sê forte.

E como dois antigos namorados
Noturnamente tristes e enlaçados
Nós entraremos nos jardins da morte.

MONTEVIDÉU, JULHO DE 1960

CRONOLOGIA

1913
Nasce Vinicius de Moraes,
em 19 de outubro,
no bairro da Gávea,
Rio de Janeiro, filho de
Lydia Cruz de Moraes
e Clodoaldo Pereira
da Silva Moraes.

1916
A família muda-se para
Botafogo, e Vinicius
passa a residir com os avós
paternos.

1922
Seus pais e os irmãos
transferem-se para a ilha
do Governador, onde
Vinicius constantemente
passa suas férias.

1924
Inicia o curso secundário
no Colégio Santo Inácio,
em Botafogo.

1928
Compõe, com Haroldo e Paulo Tapajós, respectivamente, os foxes "Loura ou morena" e "Canção da noite", gravados pelos Irmãos Tapajós em 1932.

1929
Bacharela-se em letras, no Santo Inácio. Sua família muda-se para a casa contígua àquela onde nasceu o poeta, na rua Lopes Quintas.

1930
Entra para a Faculdade de Direito da rua do Catete.

1933
Forma-se em direito e termina o Curso de Oficial de Reserva. Estimulado por Otávio de Faria, publica seu primeiro livro, *O caminho para a distância*, na Schmidt Editora.

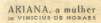

1935
Publica *Forma e exegese*, com o qual ganha o Prêmio Felipe d'Oliveira.

1936
Publica, em separata, o poema *Ariana, a mulher*.

1938
Publica *Novos poemas*. É agraciado com a bolsa do Conselho Britânico para estudar língua e literatura inglesas na Universidade de Oxford (Magdalen College), para onde parte em agosto do mesmo ano. Trabalha como assistente do programa brasileiro da BBC.

1939
Casa-se, por procuração, com Beatriz Azevedo de Mello. Regressa da Inglaterra em fins do mesmo ano, devido à eclosão da Segunda Grande Guerra.

1940
Nasce sua primeira filha, Susana. Passa longa temporada em São Paulo.

1941
Começa a escrever críticas de cinema para o jornal *A Manhã* e colabora no "Suplemento Literário".

1942
Nasce seu filho, Pedro. Faz uma extensa viagem ao Nordeste do Brasil acompanhando o escritor americano Waldo Frank.

1943
Publica *Cinco elegias*. Ingressa, por concurso, na carreira diplomática.

1944
Dirige o "Suplemento Literário" d'*O Jornal*.

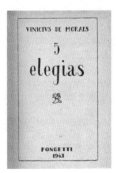

1946
Parte para Los Angeles, como vice-cônsul, em seu primeiro posto diplomático. Publica *Poemas, sonetos e baladas* (372 exemplares, com ilustrações de Carlos Leão).

1947
Estuda cinema com Orson Welles e Gregg Toland. Lança, com Alex Viany, a revista *Filme*.

1949
Publica *Pátria minha* (tiragem de cinquenta exemplares, em prensa manual, por João Cabral de Melo Neto, em Barcelona).

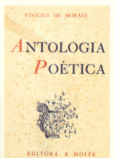

1950
Morre seu pai. Retorna ao Brasil.

1951
Casa-se com Lila Bôscoli. Colabora no jornal *Última Hora* como cronista diário e, posteriormente, como crítico de cinema.

1953
Nasce sua filha Georgiana. Colabora no tabloide semanário "Flan", de *Última Hora*. Edição francesa das *Cinq élégies*, nas edições Seghers. Escreve crônicas diárias para o jornal *A Vanguarda*. Segue para Paris como segundo-secretário da embaixada brasileira.

1954
Publica *Antologia poética*. A revista *Anhembi* edita sua peça *Orfeu da Conceição*, premiada no concurso de teatro do IV Centenário da cidade de São Paulo.

1955
Compõe, em Paris, uma série de canções de câmara com o maestro Claudio Santoro. Trabalha, para o produtor Sasha Gordine, no roteiro do filme *Orfeu negro*.

1957
É transferido da embaixada em Paris para a delegação do Brasil junto à Unesco. No fim do ano é removido para Montevidéu, regressando, em trânsito, ao Brasil. Publica *Livro de sonetos*.

1958
Parte para Montevidéu. Casa-se com Maria Lúcia Proença. Sai o LP *Canção do amor demais*, de Elizeth Cardoso, com músicas suas em parceria com Tom Jobim.

1956
Volta ao Brasil em gozo de licença-prêmio. Nasce sua terceira filha, Luciana. Colabora no quinzenário *Para Todos*. Trabalha na produção do filme *Orfeu negro*. Conhece Antonio Carlos Jobim e convida-o para fazer a música de *Orfeu da Conceição*, musical que estreia no Teatro Municipal do Rio de Janeiro. Retorna, no fim do ano, a seu posto diplomático em Paris.

1959
Publica *Novos poemas II*. *Orfeu negro* ganha a Palma de Ouro do Festival de Cannes e o Oscar de Melhor Filme Estrangeiro.

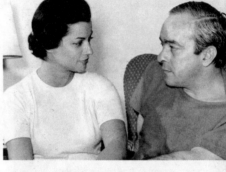

1960
Retorna à Secretaria do Estado das Relações Exteriores. Segunda edição (revista e aumentada) de *Antologia poética*. Edição popular da peça *Orfeu da Conceição*. É lançado *Recette de femme et autres poèmes*, tradução de Jean-Georges Rueff, pelas edições Seghers.

1961
Começa a compor com Carlos Lyra e Pixinguinha. É publicada *Orfeu negro*, com tradução italiana de P. A. Jannini, pela Nuova Academia Editrice.

1962
Começa a compor com Baden Powell. Compõe, com Carlos Lyra, as canções do musical *Pobre menina rica*. Em agosto, faz show com Tom Jobim e João Gilberto na boate Au Bon Gourmet. Na mesma boate, apresenta o espetáculo *Pobre menina rica*, com Carlos Lyra e Nara Leão. Compõe com Ary Barroso. Publica *Para viver um grande amor*, livro de crônicas e poemas. Grava, como cantor, disco com a atriz e cantora Odete Lara.

1963
Começa a compor com Edu Lobo. Casa-se com Nelita Abreu Rocha e parte para um posto em Paris, na delegação do Brasil junto à Unesco.

1964
Regressa de Paris e colabora com crônicas semanais para a revista *Fatos e Fotos*, assinando, paralelamente, crônicas sobre música popular para o *Diário Carioca*. Começa a compor com Francis Hime. Faz show (transformado em LP) com Dorival Caymmi e o Quarteto em Cy na boate carioca Zum Zum.

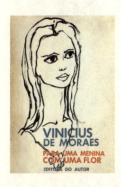

1965
Publica a peça *Cordélia e o peregrino*, em edição do Serviço de Documentação do Ministério da Educação e Cultura. Ganha o primeiro e o segundo lugares do I Festival de Música Popular Brasileira da TV Excelsior de São Paulo, com "Arrastão" (parceria com Edu Lobo) e "Valsa do amor que não vem" (parceria com Baden Powell). Trabalha com o diretor Leon Hirszman no roteiro do filme *Garota de Ipanema*. Volta à apresentação com Caymmi, na boate Zum Zum.

1966
São feitos documentários sobre o poeta pelas televisões americana, alemã, italiana e francesa, os dois últimos realizados pelos diretores Gianni Amico e Pierre Kast. Publica *Para uma menina com uma flor*. Faz parte do júri do Festival de Cannes.

1967
Publica a segunda edição (aumentada) do *Livro de sonetos*. Estreia o filme *Garota de Ipanema*.

1968
Falece sua mãe, em 25 de fevereiro. Publica *Obra poética*, organizada por Afrânio Coutinho, pela Companhia Aguilar Editora.

1969
É exonerado do Itamaraty. Casa-se com Cristina Gurjão.

1970
Casa-se com Gesse Gessy. Nasce sua filha Maria Gurjão. Início de sua parceria com Toquinho.

1971
Muda-se para a Bahia. Viaja para a Itália.

1972
Retorna à Itália com Toquinho, onde gravam o LP *Per vivere un grande amore*.

1975
Excursiona pela Europa. Grava, com Toquinho, dois discos na Itália.

1976
Casa-se com Marta Rodrigues Santamaria.

1977
Grava LP em Paris, com Toquinho. Show com Tom, Toquinho e Miúcha, no Canecão.

1978
Excursiona pela Europa com Toquinho. Casa-se com Gilda de Queirós Mattoso.

1980
Morre, na manhã de 9 de julho, em sua casa, na Gávea.

BIBLIOGRAFIA

Livro de sonetos.
São Paulo: Companhia das
Letras, 1991.

Para viver um grande amor.
São Paulo: Companhia das
Letras, 1991.

Para uma menina com uma flor.
Org. de Eucanaã Ferraz.
São Paulo: Companhia das
Letras, 1992.

Nova antologia poética.
Org. de Eucanaã Ferraz
e Antonio Cicero. São Paulo:
Companhia das Letras, 2003.

Querido poeta.
Org. de Ruy Castro. São Paulo:
Companhia das Letras, 2003.

História natural de Pablo Neruda.
São Paulo: Companhia das
Letras, 2006.

Poemas esparsos.
Org. de Eucanaã Ferraz.
São Paulo: Companhia das
Letras, 2008.

Poemas, sonetos e baladas;
Pátria minha.
São Paulo: Companhia das
Letras, 2008.

Poesia completa e prosa.
Org. de Eucanaã Ferraz. 4ª ed.
Rio de Janeiro: Nova Aguilar,
2004.

Forma e exegese; *Ariana, a mulher.*
São Paulo: Companhia das
Letras, 2011.

Novos poemas; *Cinco elegias.*
São Paulo: Companhia das
Letras, 2012.

Novos poemas II.
São Paulo: Companhia das
Letras, 2012.

Orfeu da Conceição.
São Paulo: Companhia de
Bolso, 2013.

Livro de letras.
Org. de Eucanaã Ferraz.
São Paulo: Companhia das
Letras, 2015.

O cinema de meus olhos.
Org. de Carlos Augusto Calil.
São Paulo: Companhia das
Letras, 2015.

CRÉDITOS DAS IMAGENS

pp. 1, 8, 16, 55, 57, 68-9 (abaixo), 70, 81, 111, 112 (à esquerda), 131, 167 (abaixo), 203, 204-5 (abaixo), 234, 248, 257 e 277: Shutterstock

pp. 14-5: Vincenzo Balocchi/ Bridgeman Images/ Fotoarena

pp. 56 e 82: Vicente de Mello

pp. 68-9 (acima): sz Photo/ Gert Maehler/ Bridgeman Images/ Fotoarena

pp. 112-3: Carlos Moskovics/ Acervo Instituto Moreira Salles

p. 132: Bridgeman Images/ Fotoarena

p. 167 (acima): Mirrorpix/ Bridgeman Images/ Fotoarena

pp. 204-5 (acima): sz Photo/ Regina Schmeken/ Bridgeman Images/ Fotoarena

pp. 232-3: Granger/ Bridgeman Images/ Fotoarena

pp. 246-7: Otto Stupakoff/ Acervo Instituto Moreira Salles

pp. 258-9: United Archives/ Lämmel/ Bridgeman Images/ Fotoarena

pp. 262, 263 (acima), 264 (ao centro à esquerda), 264 (abaixo à direita), 267 (à esquerda), 270 (à esquerda) e 271 (à direita e à esquerda abaixo): DR/ Acervo VM

pp. 263 (abaixo), 264 (acima à esquerda), 264 (abaixo ao centro), 265, 266 e 267 (à direita): Arquivo Museu de Literatura Brasileira da Fundação Casa de Rui Barbosa

p. 264 (ao centro à direita): Anônimo/ Coleção Gilberto Ferrez/ Acervo Instituto Moreira Sales

p. 268 (à direita): DR/ Lucia Proença

p. 269: Carlos Scliar/ Acervo Nelita Leclerly

p. 270 (à direita): DR/ Ziraldo. Acervo Mariana Pereira Santana

p. 271 (acima à esquerda): Acervo do organizador

ÍNDICE DE TÍTULOS

A brusca poesia da mulher amada, 43
A brusca poesia da mulher amada (ii), 44
A brusca poesia da mulher amada (iii), 46
Acalanto da rosa, 49
A hora íntima, 250
Amor, 28
Amor em paz, 130
Amor nos três pavimentos, 48
A mulher do dia, 153
A mulher que não sabia amar, 144
A mulher que passa, 114
Andam dizendo, 64
Anfiguri, 253
Anoiteceu, 231
A que vem de longe, 117
Apelo, 210
A perdida esperança, 208
As quatro estações, 171
Ausência, 65

Balada de santa Luzia, 213
Barra limpa, 242
Bom dia, tristeza, 62
Brigas nunca mais, 77
Brincando com Vinicius, Beatriz, 97

Canção em modo menor, 80
Canção para a amiga dormindo, 40
Canto triste, 67
Carta de Tati para Vinicius de Moraes [6 out. 1938], 83
Carta de Vinicius de Moraes para d. Lydia e Clodoaldo de Moraes [22 fev. 1939], 106

Carta de Vinicius de Moraes para Leta de Moraes [4 nov. 1938], 98
Carta de Vinicius de Moraes para Leta de Moraes [23 mar. 1957], 101
Carta de Vinicius de Moraes para Lila Bôscoli [26 out. 1957], 172
Carta de Vinicius de Moraes para Lila Bôscoli [out. 1957], 179
Carta de Vinicius de Moraes para Lila Bôscoli [sem data], 188
Carta de Vinicius de Moraes para Tati [31 out. 1938], 90
Carta do ausente, 103
Chega de saudade, 79
Chora coração, 75
Chorinho para a amiga, 121
"Como se comportar no cinema" (a arte de namorar), 206
Com sua permissão, Sir Laurence Olivier..., 150
Conjugação da ausente, 24
Consolação, 252

Do amor aos bichos, 238

Elegia lírica, 50
Em algum lugar, 200
É preciso dizer adeus, 61
Essa, sentada ao piano, 41
Eu não existo sem você, 22
Eu sei que vou te amar, 17

Garota de Ipanema, 116
Gilda, 230

História de um beijo, 181
História passional, Hollywood,
 Califórnia, 161

Insensatez, 72

Janelas abertas, 176

Luzes da cidade: o grande
 amoroso, 235

Madrigal, 42
Medo de amar, 119
Minha cara-metade, 159
Minha namorada, 30
Monólogo de Orfeu ("Mulher
 mais adorada"), 177

Na esperança de teus olhos, 124
Namorados no mirante, 138

O amor dos homens, 125
O amor em Botafogo, 168
O amor por entre o verde, 141
O camelô do amor, 19
O espectro da rosa, 219
O grande amor, 135
O mais-que-perfeito, 36
Onde anda você, 38
O pescoço de Rosalind, 139
O que tinha de ser, 89
Oração a Nossa Senhora de
 Paris, 201
Os acrobatas, 26
O verbo no infinito, 254

Parábola do homem rico, 227
Para três jovens casais, 147
Para viver um grande amor, 133
Para uma menina com uma
 flor, 32
Pela luz dos olhos teus, 110
Petite histoire naturelle, 78
Poema de aniversário, 37
Poema dos olhos da amada, 73
Por que amo Paris, 190
Primavera, 76

Quem és, 255

Retrato de Maria Lúcia, 221
Romance da amada e da morte, 183

Samba da volta, 212
Samba em prelúdio, 71
Sem você, 102
Se o amor quiser voltar, 211
Separação, 58
Serenata do adeus, 60
Se todos fossem iguais a você, 249
Soneto da espera, 222
Soneto da hora final, 256
Soneto da mulher casual, 120
Soneto da mulher ao sol, 155
Soneto da rosa tardia, 39
Soneto de fidelidade, 29
Soneto de luz e treva, 223
Soneto de Marta, 226
Soneto de Montevidéu, 217
Soneto de separação, 63
Soneto do amor como um rio, 218
Soneto do amor total, 18
Soneto do corifeu, 152
Soneto do maior amor, 23

Tempo de amor, 95
Ternura, 35
Teu nome, 220
Tomara, 94

Uh-Uhuhuhuh-uhuhuhuh!, 165
Um poema-canção de amor
 desesperado, 224
Uma mulher, outrora amada…, 156
Uma viola-de-amor, 136

Valsa de Eurídice, 87
Valsinha, 146